瀛社風義錄

總 編 纂　林正三
執行編輯　翁正雄

臺灣瀛社詩學會叢書
文史哲出版社印行

目次

序……1
陳炳澤詩選……1
蘇心紘詩選……3
駱金榜詩選……9
黃祖蔭詩選……11
徐世澤詩選……17
蔡業成詩選……23
王前詩選……25
李宗波詩選……31

葉金全詩選……37
歐陽開代詩選……41
鄞強詩選……47
蔣孟樑詩選……49
洪龍溪詩選……55
黃天賜詩選……59
尤錫輝詩選……67
陳欽財詩選……71
許又勻詩選……75
李政村詩選……81
林瑞龍詩選……87

周福南詩選……91
許哲雄詩選……95
洪嘉惠詩選……103
林麗珠詩選……105
楊志堅詩選……109
翁正雄詩選……111
林正三詩選……119
洪玉璋詩選……125
劉清河詩選……127
陳麗卿詩選……135
李玲玲詩選……141

姚啓甲詩選……143
陳碧霞詩選……147
蕭煥彩詩選……151
洪世謀詩選……153
甄寶玉詩選……161
賴添雲詩選……169
許秉行詩選……177
廖碧華詩選……185
張民選詩選……193
高清文詩選……199
李珮玉詩選……205

游振鏗詩選……209
洪淑珍詩選……213
陳麗華詩選……217
張錦雲詩選……219
張建華詩選……221
余雪敏詩選……225
陳岸詩選……227
邱進丁詩選……231
鄭中中詩選……233
吳秀真詩選……237
孫秀珠詩選……239

沈淑娟詩選……243
吳東晟詩選……245
徵　文……253
臺灣瀛社詩學會第一次徵文報告……253
臺灣瀛社詩學會第一次徵文評審報告……254
不屈威權的台灣文史思想家與行動家——真情詩人林幼春……257
賴和的文學思想與創作……262
第二次徵文作品……266
讀洪棄生先生〈雜詩〉二首之二——窺見一代碩儒……266

序

詩者，乃是最精緻之文學創作。而文學創作爲創作者將深入日常生活中所蒐集到的藝術素材，經過觀察、體驗、分析等程序後，利用形象思維與邏輯思維，透過審美意識和藝術技巧而加以錘鍊、修飾、重組所創造出來之藝術作品。也是創作者內心情感之發攄，古人所謂「心聲心畫」者也。吾臺數百年以來之文學，自始即以詩爲主流。

本會成立於一九〇九年（日明治四十二年），初名「瀛社」。緣時當日據，任職《臺灣日日新報》林湘元、李逸濤、謝汝銓諸氏，深恐固有文化爲東夷所消滅，倡首而創設者。成立之初，與臺中櫟社、臺南南社鼎足而居領導地位。數十年來，南、櫟二社，皆已相繼走入歷史，唯本會延續至今而活動未曾稍戢。於今適逢本會百齡之慶將屆，顧曩於六秩、七秩、八秩、九秩皆有紀念集之梓行，唯各集於閒詠與社課之作，皆未區分而一併收錄。而本屆既有《十年題襟集》之輯，故本集概以閒詠之作爲限。由於係由各會友自行提出，再經揀選其文從語順者錄之，偶有與社課題目相同，或即社課之作，敬祈諒之。

本島詩壇大都以擊缽號召，同一題目，動輒數百首。復因題材、體韻之限，積數百篇如出一手，宜乎令人生厭。要知擊缽之作，祇屬學習中之一個進程，乃三五文友間借此以為進步程度之衡準而已，當之遊戲文章可也。然而本省詞壇積習難返，每有詩會，率皆依賴詞宗之出題、限韻。竟有云不加命題限韻無從著筆者。如此何異強範數百人為一人之詩思哉。

揆諸本會，自個人接篆以來，即竭力鼓勵會友致力於閒詠之作。會中同仁，亦大都能循此途，部分會友尚且嘗試古體詩之創作，誠屬難得。古人云：「不積跬步，無以致千里」，故今日雖僅一小步，未嘗非千里之先聲乎。其中雖有部分仍以近體詩之格律聲調為範，實亦不忍苛責，盡量予以編入，唯期爾後能有進境耳！

藝術作品之內涵，乃是由模仿而躋於創作。文學亦屬藝術之一環，必須具有創造性之思維（諸如新知識、新概念等），方能產生新作品。是故藝術工作者恆須可貴之首創精神，勇於探索、敢於嘗試，以創造出新的藝術形象、藝術格調、藝術手法。至期全體會友，皆能突破此一瓶頸，積極朝向抒發性情之閒詠作品發展，以求達到更為高遠的藝術境界。

民國九十七年秋日林正三於惜餘齋

陳炳澤詩選

陳炳澤（1918—）民國七年九月生於鶯歌，屏東農校畜牧科畢，曾任臺北州廳畜產技士，光復後任臺北縣政府民政局專員兼課長。退職後自創家畜藥廠、貿易公司。雅好文藝，曾任本社總幹事。

古鶯四季

春季

春晨待曉寂寥時，荷耜村夫步月遲。華路縷衣勞未了，辛勤典範永昭垂。

夏季

夏日炎陽灼九霄，此間新茗正香飄。採茶姑嫂如蝴蝶，重嶺翩翩望眼遙。

秋季

秋霞似錦罩山城，採礦勞工鑽地行。辛苦尋煤求活計，一心敬業值尊榮。

冬季

冬風凜冽凍寒窯，轆轆陶輪日夜搖。捏土成金參造化，鶯歌美譽湧如潮。

慶祝鶯歌國小創校百周年（丁亥孟冬）

尖山翠麓里仁鄉，謖謖松濤振學堂。嶺後聞鷄童奮起，溪中搖櫓豎恒常。
鐘鈴一響春風拂，庠序頻傳化雨長。創校百年培俊秀，鶯歌國小永輝煌。

喜校友日月潭雅集（丁亥仲夏國立屏東科技大學九六年校友會）

久違校友似參商，雅集明潭祝壽康。水底浮雲穿寶鏡，空中野鶩掠霞光。
泛舟覽勝隆情固，縱目豪歌壯志揚。把酒忽驚年九十，相親負笈憶難忘。

堂中百駿

生逢肖馬結塵緣，撫養良駒盡愛憐。早歲遊騎猶勁捷，老來馭術已難纏。
遙思赤兔奔馳日，長念紅鬃鼓角年。列陣堂中彫塑驥，常看不厭感陶然。

自註：作者懷念馬的綺麗體態，遊騎樂趣，家中擺置各國馬彫等藝品百多件，日夜欣賞而不厭。

八十自述（民國八十六年）

虛度光陰八十年，曾看人事幾推遷。怡情好古詩書伴，祝嘏深懷翰墨緣。
畜牧興農期再繼，經商殖產欲連綿。杖朝尚喜身心健，孝悌無遺學聖賢。

蘇心紘詩選

蘇心紘（1919—）字抑覺，民國八年生，福建寧德人。畢業於福建省立理工專校。曾任僑務委員會設計委員。喜吟詠，退休後加入春人詩社、中華民國古典詩研究社、中華傳統詩學會、臺灣瀛社、松社、花蓮縣洄瀾詩社、中華學術院詩學研究所研究員。著有《蘇心紘詩文集》、《發唱詩集》。

大陸紀遊

參拜長沙黃興墓

逝世如今八十秋，豐功偉業史長留。後生此日馨香薦，但願英靈賜所求。

韶山行

鍾靈毓秀韶山村，湘楚奇才出玉門。祇恨終生崇馬列，一窮二白不須論。

上紹興咸亨酒店

太白遺風頌九州，紹興老酒盛名留。今朝暫作劉伶客，一醉千杯孰與儔。

夜讀

陋巷歸沉寂，挑燈喜讀書。好憑開卷逸，更為動戕舒。
啟教能無我，催詩不棄余。可憐人已老，對影一欷歔。

中秋月下

中秋今夜月，牖下照人明。不作婆娑舞，誰憐寂寞情。
魂沉迷遠浦，影動落荒城。玉鏡頤長滿，清輝海上生。

梅遞春信

欲遞春消息，寒梅發幾枝。宜添桃杏色，不減雪霜姿。
情怯誰能識，思深孰可知。粉粧如幻夢，逞艷已成詩。

梅雨

梅雨霏霏勢不停，能消酷暑淨心靈。蕉窗點滴凝珠網，椰徑依稀響玉鈴。
世路崎嶇滋亂草，人生坎坷寄浮萍。離鄉背井歸何日？躑躅中宵淚欲零。

荷星疊翠

清澈龍池不染埃，芙蕖爛熳水中開。奇姿疊蕊如星聚，殊艷含葩似玉堆。
綠蓋田田輝藝苑，紅裳欵欵萃靈臺。飄香十里堪陶醉，惹得遊人樂去來。

遊六十石山

花東六十石奇山，起伏群峰足躋攀。錯落樓臺舒境爽，扶疏樹木入眸間。
金針雨濕香猶郁，玉柄風吹色更斑。四季如春情景好，迎來賞客樂開顏。

野望

迂迴曲徑過橋西，嶺上無雲夕照低。鴻雁已傳千里信，鷦鷯未借一枝棲。
不知故壘歸何處，但覺深秋認小溪。今日繁華都莫問，欣瞻大野景留題。

餞臘

迎春餞臘換申年，記取頑猴想霸天。兩岸交流行險道，三通抵觸陷深淵。
公投意馬原偷眼，大選心猿欲續緣。在野東山宜再起，當仁不讓著先鞭。

春歸

序入三春景漸非，郊原百卉共衰微。連雲繞樹迷鴉噪，宿霧辭林隱燕飛。
宛轉鶯聲鳴且斷，蹁躚蝶影認猶稀。那堪靜寂蕭條後，孤館青燈淚滿衣。

旅中寒食

藏煙禁火近清明，節氣繽紛別有情。沃地秧宜勤種植，平疇水足力犁耕。
遙聞牧笛翻新調，喜聽民歌唱晚晴。習俗相沿多古趣，客中觴詠樂昇平。

夜夢江南

萬里雲程寄客心，江南嚮往夢中尋。風帆點點連天影，霞蔚蒸蒸夾岸林。
景物繁華人盡望，生涯逸樂酒同斟。楓橋夜泊成佳話，翰墨因緣意更深。

竹影

月照婆娑瘦影明，淇園君子若相迎。圓融有節凌霜壯，皎潔無瑕應物英。
星奕樓沉歌管寂，夜分闢地梵音輕。煙波萬頃瀟湘景，樂得金風爽朗情。

龍舟競渡

美崙溪岸好風迎，競渡龍舟弔屈平。擊鼓爭標催棹急，鳴鑼逐浪奪旒贏。
懷王欲進讒言計，靳尚猶貪寵錫情。應踐三閭忠憤志，堅貞氣魄振詩名。

新秋

初秋滌暑喜迎涼，客舍離人總望鄉。避地無歸情可憫，憂天那料事堪傷。
臺灣日日紛爭甚，大陸年年改革忙。但願和談求一統，太平共處免徬徨。

酌酒

庚子登樓一望遙，攜樽酌酒興如潮。嬋娟月色金波共，美滿蟾光桂影昭。
祇是閒中嘗詠賦，何來靜處竟吹簫。離鄉已久催歸去，痛飲千杯恨未消。

登海洋公園遠來飯店遠眺

遠來芳店好棲身，雅築凌霄迥出塵。園圃蒼蒼增景象，海洋浩浩倍精神。
風光綺麗能容客，設備週延更可人。娛樂休閒高格調，應將僻壤轉洪鈞。

其二

鳳凰名谷好尋奇，正是青梅結實時。美味親嚐人已覺，嘉餐飽賞客當知。
天眞摘取情堪遣，雅意搜羅興不移。提供東遊新景點，休教餮客悵來遲。

聽雨

風吹鐵馬響叮噹，淋漓兼旬一院涼。滴滴聲傳深巷渺，濛濛煙蔽小橋荒。
清眠最感秋宵永，琢句猶思子夜長。料得天開雲歛後，長教遠岫映驕陽。

遊理想大地渡假村

一到花蓮興倍濃，壽豐鄉墅醉心胸。房開美化猶難得，室闢新潮豈易逢。
巴比倫模爭艷色，西班牙式燦秋容。觀光渡假無雙地，理想聲中樂客蹤。

漁港夕暉

夕照洄瀾美景鋪，欣遊港口樂馳驅。洋深欲許艨艟泛，嶼密能招鸛鶴趨。
蜃氣蒼茫噓不易，鰲身縹緲載亦無。晴天眺望迷顏色，好取斜暉入畫圖。

陽明春曉

春曉陽明拂細風，清光淑氣兩交融。林中跳躍相呼鳥，道上徘徊顧盼翁。
野草如茵全襯綠，櫻花似錦獨鋪紅。遊人熙攘途為塞，冶步消閒興味同。

八荒鷗鷺會奇萊

赫赫神威震昔時，將傾大廈共扶持。金門勁旅寒蜂陣，馬祖雄兵挫蟻師。
互惠三臺謀國策，溝通兩岸固邦基。八方鷺侶奇萊會，景仰元戎獻頌詩。

壽白翎詞丈八秩晉四

八十四齡若盛年，最難吟詠百千篇。暫居便享兒孫福，唱和尤多翰墨緣。
忠孝傳家宜正直，仁慈處世貴方圓。高懷憂樂關天下，願為生民解倒懸。

蓮英教授八十自壽次韻

離鄉去國久飄萍，壯志功成享暮晴。賦播元音揚各派，詩傳逸響誨諸生。
修身可至儒仁路，養性能登佛諦程。八十年高猶矯健，鷗盟共仰奪先聲。

寶島長春

田疇牧野綠油油，寶島長春共頌謳。海上艨艟千里放，潭中瀲灩一望收。
合歡瑞雪凝林媚，太魯祥煙繞樹幽。風物四時皆秀麗，邦人嚮往每來遊。

駱金榜詩選

駱金榜，字成一，號觀濤樓主，福建省惠安縣人，民國十三年生，曾任鐵路局工程師兼主管，並兼專業講師二十八年。退休數年後，始從林正三、李春榮、許漢卿等諸位老師學習詩詞創作及吟唱，現爲中華民國傳統詩學會、台灣瀛社詩學會及中華楚騷研究會會員、古典詩刊社及花蓮洄瀾詩社社員。

曉起

七星雲嶺共登躋，遙覽江城曙色迷。點點燈光分遠近，幢幢樓影各高低。
揚帆關渡浮漣景，拂曉屯山照彩霓。漫道天涯斜月挂，拳揮劍舞正聞雞。

初夏

留春無計促歸時，天氣清和景色宜。已老鶯簧遷歲序，乍聞蛙鼓亂陂池。
桃唇映日彈琴韻，柳眼迎風拂面絲。煑茗槐陰邀至友，逍遙自在共敲詩。

與友敘舊

久別重逢雪正飄，談心促膝話終宵。西窗舉盞懷元亮，北牖攤箋論板橋。
千里難忘私語約，十年猶記俗歌謠。歸時互祝須珍重，來日魚書罣念消。

七八抒懷

行年七八瞬時過，冷暖人間感慨多。托志攻書懷太白，怡情養性羨東坡。
風騷重在文詞恰，靈感來時翰墨和。但望平生從我願，古今史籍盡研磨。

慈母頌

揮淚登舟別母親，英年渡海歷艱辛。生無奉養常流淚，歿未居喪不算人。
閩嶠東留經歲月，台瀛西望起煙塵。夜深每夢音容改，六二年來感慨頻。

其二

慈親反哺愧烏私，養育夠勞總不疲。終夜縫衣常廢寢，經年侍疾每忘飢。
環球馳遍家山遠，寶島奔波歲月移。長望白雲吟陟屺，天涯遊子恨歸遲。

其三

繫念慈親出至情，教孝教忠得賢名。和丸熊膽心常苦，畫荻爐灰業有成。
未報春暉增愧恨，更思令節訴平生。樹搖只怨風吹急，不待兒歸盡寸誠。

其四

茹苦常年都不怨，忘身萬念為兒孫。斷機教子承家訓，噬指連心感母言。
但願坤儀傳遠代，只期孝思答殊恩。馨香一瓣祈來格，裕後光前耀駱門。

黃祖蔭詩選

黃祖蔭（1929—），字承吉，號師竹齋。江西樟樹市人。中興大學畢業，服務教育界。學詩於張孟豪舅及許君武師，喜繪畫，並作藝評。曾獲金爵獎及乾坤古典詩獎。著作有《勞生草》及《問藝錄》等。

思母記

吁嗟母何在，壺範齊景慕。身抗兩朝塵，閱歷萬殊醜。
冰櫱七五秋，甘旨幾曾有。鶴弔方雙退，懿嬍贊眾口。
謹敬錄家乘，期留啟我後。先慈本蕙質，生年屬癸丑。
墮地會同縣，鄭公官衙牖。知事諱時丹，宜人嫺湘繡。
粲粲譚桂雲，媲美余沈壽。十指弄春風，三趣噪閨秀。
遂以南針名，誌愛慰佳耦。銀髯拂寧馨，牙牙膝下逗。
乖巧博偏憐，舐犢未長久。四齡頓失怙，返喪慟扶柩。
歸來居側室，荼毒類雞狗。煢煢對遺影，劬劬隨井臼。
午夜課女紅，黎明互揮帚。廚灶烹茶湯，臥塌奉菸酒。

推恩及少君，曲意事大婦。執禮靡不恭，逆來總順受。
鄭公掌上珠，何由委暗漏。依依共為命，戚戚向誰剖。
贍養賴奩田，惡叔奪其畝。近鄰多鄉愿，投靠匙親友。
逼拶無立錐，清節豈易守。子嫠相擁哭，謀盡難團聚。
矧母纔及笄，黃家聘瓊玖。外婆莫奈何，再醮張村叟。
叟乃鰥秀才，儒醫欣日就。視母同己出，義診多收效。
培英胥良材，心術得天厚。母幼慣威權，談笑從不苟。
柔巽若木訥，貞淑如蘭嗅。秉賦嗜藝文，寄託於說部。
媒言先升學，卒業完婚媾。黃家頗抵讕，擇吉合巹驟。
勖勉作賢妻，冥闇傷豆蔻。吾父諱杞蓀，頡頏雄赳赳。
穉齒驕寵慣，盛氣沖牛斗。嚴規至於苛，細故輒得咎。
庭訓酷廷杖，暴察世罕覯。伴夫猶伴虎，大忍每大宥。
小姑性陰鷙，侵侮再三售。所幸翁持平，講理為之佑。
嗣母疼弱媳，撐腰嘗庇護。明冬男降誕，添孫樂襁負。

垂統二寶堂，瓜瓞喜頭緒。婆意更溫存，溘然竟撒手。
父出作掾吏，升遷恥賄賂。家道已中衰，捉襟且見肘。
供應實堪虞，薪水焉能夠。仰事並俯蓄，敦睦責兼顧。
急需典釵珥，度支明帳簿。唯聽機杼聲，未聞稍怨詬。
咿唔兼軋軋，傍兒燈下讀。此情今多覘，此景定鮮睹。
從茲續八胎，二妹五弟茂。一弟瘥夭昏，想起仍掩袖。
郎中楊天縱，見死不肯救。姑表唐彭年，攜金來問候。
雖然未及濟，感激吾衷鏤。母兮奚自責，喃喃涕究究。
吾等俱娘乳，兒肥娘益瘦。妊頻損血氣，紅顏呈蒼縐。
吾稚患疳積，地獄邊緣走。阿母強挽之，奮將魔迫措。
寸草慶回蘇，今忝七秩朽。溯憶金甌缺，鐵鳥為斥堠。
市鎮挨轟炸，倭蹄緊躪蹂。所過肆淫戮，血淵骨堆塿。
倖者皆逃避，冀免罹陽九。吾家急疏散，灑淚神龕叩。
倥傯遁閩山，喘息歇空廄。輾轉遍四荒，荊榛遇猛虎。

猛虎須臾獵，胡為驅東虜。永泰碰敵騎，草澤匿顫抖。
危疑震撼中，兀顯母德阜。三德智仁勇，允當一懷懋。
燃眉父隔越，累卵母敖狃。八載淪陷區，亡命疲夜晝。
母為遣酸楚，演義說新舊。聊或抒胸臆，放歌頃忘慮。
勝利已在握，還巢止樟樹。花木凋頹牆，百廢俟光復。
弟妹值款啟，吾效雲出岫。遊學到瀟江，膏火享公庫。
母念我體羸，經常送餚缶。切誡荒於嬉，努至無可努。
如是重叮嚀，乃克膚功奏。梅師加青睞，薦為省垣傳。
旋里暫承歡，南昌待徐子。哀弦響洪都，險象環國府。
內戰三軍厭，接收五子富。學潮掀澎湃，物價直飈舞。
邦危家必窘，恐惶日疾首。修書稟不肖，浮槎觀海曙。
未始作滯計，孰知與願忤。台灣徒白望，大陸沉赤藪。
形格輟魚雁，竹幕垂絕久。蔣毛不世出，蠻觸爭千古。
黨員捧堯舜，僇民嗤桀紂。天倫一旦毀，公社兆靈咒。

秦政盈耳際，噩夢連宵寤。桑梓靜美乎，椿萱平安否。
事緩獲鄉音，父遭鎮反殂。刁蹬索彈費，污衊囂雷怖。
恒昌施薄棺，杖義獨援助。求仁雖得仁，萁豆憎煎釜。
批門逞獸性，骨肉漠陌路。田宅概充公，連坐列黑戶。
屈辱人不堪，生涯瀕絕處。咬齦和血吞，拖兒長湖渡。
乞討都無門，結茅棲孤露。怯懦嗷嗷雛，填饑何嫌糗。
種菜又掃盲，縫傭亦漂母。不飽餓不死，青原羨童羖。
文革九州殘，奇冤半咽吐。傷痕痛百代，詩短辛難數。
兩妹漸自立，於役東北赴。掙扎厄網羅，未遑棄曉諭。
諸昆恤娘艱，教化恰霖雨。皆能求精進，堅拒外物誘。
只因成分差，層樓上不去。當局號插隊，叔季尋鄔狩。
尾生墾華林，四弟派工署。仲以劃錯線，拉車圖少補。
母真活菩薩，仇讎肯矜恕。鞠育卸仔肩，含飴正娛姥。
勞瘁病叢發，問醫偎葯瓿。往昔常暈蹶，龍鍾更顛仆。

驚悉腕骨折，忽告胃潰腐。診為大腸癌，欲治恨遲誤。
丁卯七一八，油乾泣熄炷。兵間強脫免，劫罅剩殘耇。
為兒罪孽深，無能除二豎。奔喪阻未行，報德虧反哺。
服孝添慚色，終天抱憾疚。靄靄停白雲，母儀傳中壘。
柏舟泊仙岸，餘馥薰裔胄。黽哉田橫士，揚芬毋落伍。

定稿於戊寅中元節

徐世澤詩選

徐世澤（1929—），江蘇東臺（興化）人。擁有醫學士、公共衛生學碩士學位。足跡遍六十四國。曾任醫院院長。著有《養生吟》、《擁抱地球》、《思邈詩草》、《並蒂詩帖》、《健遊詠懷》等。曾獲教育部詩教獎，現任中國詩人文化會副會長、乾坤詩刊社副社長等。

淡水漁人碼頭

漁人橋下客舟橫，近浦遙天萬象呈。眺遠不知遊子意，淡江西北是鹽城。

土石流

挾雨颱風起巨波，堤防潰決路成河。浪花土石齊奔下，滾滾洪流奏輓歌。

鄉愁

五十年來歎寡歡，家鄉只是夢中看。蒼天可曉誰之罪，政治紛爭說不完。

迎春新願

金雞報曉啟新扉，兩岸包機相對飛。深盼高層能體察，民心趨向莫輕違。

除夕偶感

夜深爆竹醒衰翁，獨坐書房似冷宮。子女未歸空自嘆，螢光幕上鬧烘烘。

春遊

淡蕩東風縱雅懷，陽光樹影共徘徊。春來花徑人如織，彩蝶紛紛載舞來。

自述

陽明山下葛天民，名利無求不患貧。垂老平居無箇事，詩書堆裡寄吟身。

上海遇故知

時當戰亂各西東。五十年來信未通。千里相逢今一見，歡情盡在不言中。

瘦西湖蓮花橋（揚州）

垂楊蘸水翠堤遙，湖面風來舟影搖。白塔迎人添秀色，小紅低唱過蓮橋。

遊酆都未遂

一生羈旅逐萍流，吟遍乾坤五大洲。惟有鬼域行不得，最堪遊處不曾遊。

機上觀天

寥廓長空不見雲，天連兩極界難分。一時脫盡凡塵夢，西望金烏散夕曛。

謁中山陵

中山陵寢勢巍峨，兩岸黎元愛戴多。千里迢迢來晉謁，但求顯聖化干戈。

秦淮河

十里秦淮金粉場，酒家林立水流長。六朝遺跡終隳敗，世紀更新定改裝。

徐州新貌

漢朝遺跡頻頻現，街市瓊樓聳入雲。更得雲龍湖景美，杏花村上酒香聞。

鬥牛士自嘆（西班牙）

人獸相仇殺戮場，黃沙染血近痴狂。鬥牛譁衆須終老，何必兇殘勝虎狼。

夜遊倫敦

朝乘銀翼破長空，夕至倫敦燈影紅。帝國光環今褪色，皇宮冷落月明中。

越洋深親

飄洋過海探親忙，歡聚他邦喜欲狂。入境才知隨俗苦，西餐不若土鷄湯。

羅恩湖夜遊

一葉扁舟兩隻鷗，三人垂釣渡船頭。雪峰十座環湖繞，璀璨陽光伴夜遊。

註：一九九七年六月十九日夜十時，在挪威羅恩（Loen）湖畔夜遊所作，是時陽光仍在。

北極看極光（加拿大）

繁星點點耀隆冬，午夜寒光展極容。白馬市郊山頂上，悠悠綠帶幻游龍。

自註：白馬市隸屬加拿大育空地區，冬季午夜看極光。

長壽

人言長壽是鴻福？長壽老人甚覺孤。照顧起居防跌倒，一人長壽兩人扶。

自註：目前世界公認人的壽命活過九十歲，大多會失智、失能、行動不便等，日常生活須兩人照顧。

延年粥

世人都想樂延年，飲食均衡運動先。充足睡眠多用腦，耄年啜粥自欣然！

白頭偕「惱」

椿萱並茂耀門楣，兩老無猜兩眼窺。相近如冰真冒氣，白頭偕惱總難支。

落齒

隱痛常於未食前，搖搖欲墜又流連。一朝別汝應垂淚，甘苦同嘗數十年。

色戒

堂堂諜片越重洋，情慾令人喜欲狂。入戲太深難自拔，杭姑一舉艷名揚。

名犬

守夜看門勝衛兵，上街緊跟主人行。富家一入增身價，那管遊民罵畜生。

吸塵器

不教居室盡蒙灰，甘願藏頭縮尾來。肚大能容休鄙視，專心竭力吸塵埃。

手機

欲覓親朋無定蹤，衛星傳達若相逢。天涯對話如隣桌，握入掌中意更濃。

電子郵件

不須綠使扣門前，萬里飛鴻一線牽。網上聊天如對面，鍵盤輕按把書傳。

苦瓜

外觀凹凸似膿瘍，金玉其中耐品嘗。不雅芳名難改正，須知此物甚清涼。

詩人悲歌

下筆心情淚暗垂，平生功力有誰知。如今政產文經界，只愛浮名不愛詩。

交際舞

燈光旖旎樂聲揚，春色撩人翠袖香。愛火初燃蜂引蝶，情潮暗起鳳求凰。
男圖擁女花心動，女想依男柳眼張。只恐良宵酣舞罷，卻因分道兩相忘。

首屆海峽詩詞筆會感賦

兩岸騷壇四海傳，宏揚詩教盛空前。超群革故多名士，易俗標新勝昔賢。
奮筆不凡融一貫，微言警世集千篇。龍岩首屆開風氣，神韻華章獨占先。

蔡業成詩選

蔡業成（1930—），字清泓，號夢萱。浙江省台州市人。幼隨親友學步吟哦，旋隻身來台，參加高等文官考試及格後，從此獻身公務，案牘勞形，無暇旁及詩詞。退休後暢遊國內外名勝古蹟。嗣入士林社區漢詩班進修。荷蒙楊振福老師介紹入瀛社及中華民國傳統詩學會。

碧潭秋日紀遊

翠黛連天碧，秋潭色更濃。霜華沾白葦，彩靄染丹楓。
小艇浮千葉，長橋臥一虹。蒓鱸無限思，故土夕陽紅。

應聘郵政特考國文科襄試委員

郵傳逢特考，襄閱佐掄才。細結珊瑚網，遍羅杞梓材。
案頭持玉尺，燈下選文魁。亂世參宏典，相期得士恢。

忠兒負笈英倫賦勉

英倫負笈衆稱豪，萬里雲程展翅高。石借他山攻璞玉，藝遊異國釣金鼇。
寸陰足惜休虛擲，尺素勤修莫憚勞。今日雄飛秋正好，桂風送爽上層霄。

公職退休抒懷

宦海浮沉四十年，今朝身退卸雙肩。匡時有愧頭添雪，奉職無虧眼過煙。
老驥宜捐千里志，征鴻應返五湖天。艱難復國中興業，付與兒曹競着鞭。

北京感懷

夏夷競逐幾千年，五族融和豈偶然。關塞今猶連涿鹿，輿圖昔已割幽燕。
人間縱有興亡感，宇內寧無香火緣。寄語中華好兒女，相親相愛莫相煎。

喜峪關

關城築向塞垣西，白草黃沙沒馬蹄。南枕祁連山積雪，東臨阡陌綠成畦。
胡天萬里歸華夏，邊地頻年罷鼓鼙。柔遠樓頭翹首望，左公柳可達伊犁。

驪山

驪山靈氣古今同，地熱泉溫造化工。舉世人誇兵馬俑，四時雲護華清宮。
潼關有險長屏北，渭水無情只向東。回首興亡多少事，秦川嫓嫿夕陽紅。

成都杜甫草堂

顛沛投荒到益州，浣花溪畔且淹留。巴山蜀水供吟嘯，國運民生抱隱憂。
正色危言棄軒冕，竹籬茅舍傲王侯。遊人莫問窮通意，一卧江湖任白頭。

王前詩選

王前（1931—），字祁民，號古槐。民國二十年生，少入靜寄書齋師事呂漢生（杏洲）研習國學，又從羅鶴泉先生遊，後隨暖江周植夫先生專修詩學，爲基隆詩學研究會創會人之一。曾任中國詩經學會、中國詩人文化會理事、中華民國傳統詩學會常務監事、理事，基隆詩學研究會總幹事、顧問等。

登金門太武山

積翠山頭石脈堅，毋忘在莒字猶鮮。最難垂老經三度，又上高崗望海天。

遊張家界

雄偉奇岩勢插天，溪沿石板走金鞭。峰峰競秀嘆觀止，鬼斧神工壯大千。

遊吳哥窟

吳哥勝蹟世馳名，古木殘垣夕照橫。佛相莊嚴觀四面，低眉無奈守荒城。

雲南什詠（中華民國九十一年十二月一日）

三訪西山

昔日西山舉步艱，今來登頂不需攀。滇池依舊煙波裡，三過龍門故我還。

大觀樓

大觀樓聳接星躔，雄視滇池歲月遷。屹立風霜迎過客，客多駐足看長聯。

大理古城

城樓高聳氣豪雄，石板街坊尚古風。市肆去來多白族，金花嬌艷態和融。

金花：美姑娘也。

蒼山

曉尋索道上蒼山，冷日尖風刺骨寒。客沐晨光襟洱海，遙看三塔鎖雲間。

洱海觀音洞

扶欄拾級上琳宮，佛道同山一禮同。洱海遙看雲霧重，雙眸窮處有孤篷。

訪麗江木府

古城風貌古風存，木老當年不築垣。一水三分滋稼穡，納西文化此留根。

自註：明征蠻，木增助餉有功，賜姓木，封布政司，木字築垣變困字，不祥，故麗江不築城垣。

大理三塔

三塔穿雲貫九霄，客來空憶古王朝。雄姿永鎮山川秀，歷盡風霜屹不搖。

玉龍雪山

玉龍山頂雪皚皚，溶化成溪去不回。峰插雲層鬚鬢白，俯看大地遍塵埃。

貴州什詠

黔東道中（貴新公路）

劈開山骨路迢迢，石壁千尋百里遙。三兩苗家雲樹裏，飛窗景勝魯班雕。

鎮遠青龍洞

貼壁經樓勢插天，臨觀已杳古征船。㵲陽河水流依舊，三教同山鎮遠傳。

相見河（漁陽河上游）

小舟輕送水拖藍，峽口峰高蔚翠嵐。風靜塵埃無一點，山靈灌頂氣長函。

織金洞途中

盤山路曲又崎嶇，俯瞰千尋澗底無。峭壁懸車環百里，霧中直上織金途。

織金洞

織金岩洞訝神工，怪石嶙峋造化功。應是神州誇第一，千秋傲視合稱雄。

黃果樹瀑布

如垂簾幕碧晶瑩，氣迫山河鬼亦驚。倒瀉狂流天地動，壯觀黃果樹揚名。

觀苗族婚禮（施洞）

銅鼓笙歌拍節聲，苗村婚嫁別風情。女挑一擔江河水，踏入夫家禮始成。

宿安順市

安順由來古夜郎，欲尋舊跡感迷茫。溪山貌改時空易，一市唯飄酒味香。

舟泛萬峰湖

萬峰湖望萬峰迷，右控滇南面廣西。帆穩山移晨露冷，波光瀲灩映長堤。

貴州天台山

振衣拾級上天台，山峻扶筇路曲迴。靈境風翻銀杏翠，五龍宮古氣猶恢。

東三省什詠

過濟州

一路穿雲過濟州，濟州風物似曾謀。憑窗陵谷頻回首，屈指於今十二秋。

長白山天池

驅車撥霧上天池，預想今來不得時。登頂忽看雲霧散，露真面目展雄姿。

其二

長白山頭不白頭，飛臨仰謁正初秋。山神有意迎騷客，一氣吹開鎖霧收。

宿松花江畔

松花江樹鬱青蒼，江水悠悠去路長。氣爽人來逢八月，冰天不見亦無霜。

曉步松花江

松花江水去悠悠，拂面涼侵八月秋。舊柳絲垂青兩岸，同來賞景有詩儔。

自註：同行有內人及蔣夢龍夫婦。

千朵蓮花山

山門雄偉署千山，千朵蓮花譽宇寰。繫杖人來消俗慮，仰看道觀倚雲閑。

參觀溥儀皇宮有感

社稷傾頹帝業消，溥儀無力罪非招。罵他傀儡公平欠，底事隨人亂叫囂。

參觀旅順二零三高地有感

杖登高地二零三，欲問前朝此處探。攻頂屍填悲乃木，日俄血戰只因貪。

二零三高地舊戰場

日俄一戰霸雄圖，據點相爭萬骨枯。今訪二零三高地，似聞兵鬼又歡呼。

李宗波詩選

李宗波（1934—）號孟津。北縣人。爲名儒蕭獻三先生及門。業商，閒時吟詠自適，曾入瀍社，後入瀛社，著有《環球旅遊吟草》。曾任獅子會會長、三○○區副財務長、副監督、諮議，台北市煤炭公會理事長，台北靈安社社長，現任本會理事、台北市義消總隊顧問、九府仙師廟主任委員、廟寺聯誼會長、淡水李氏祖廟主任委員。

旅遊吟草

二○○○年六月二日遊關島

客來關島任閒遊，歲次庚辰近孟秋。會署長青聯雅誼，組團消暑趁潮流。

晚宿關島Paro Hotel

高樓林立聳雲天，水繞山迴翠黛連。無限詩情煙景外，臨流回憶舊江邊。

船上遊海

江堤一線碧悠悠，狎水群鯨逐水流。不怕滔天風浪險，觀光船後曳輕舟。

關島歌劇場

歌舞燈光布景妍，超群技藝盛空前。瞬間變幻深難測，客讚新奇鼓掌先。

金門感賦

自古吾民重漢魂，況兼兩岸本同根。操戈要識終俱敗，寄語雙方早息紛。

二〇〇〇年四月十七日遊日本四國栗林公園

栗林作客喜登臨，花自成蹊樹自陰。此是世間消暑地，人來覽勝盡歡心。

往小豆島船上

覽車與客共登輪，極目江山景色新。小豆風光名島嶼，大開眼界海之濱。

於瀨戸 Onlinpia Hotel

碧波瀨戸一湖深，小豆名揚看日沉。綠水清山渾似畫，宜人景色古傳今。

於中之島溫泉飯店（二〇〇〇年九月十六日）

中島溫泉一鑑明，層巒疊翠地靈精。天然勝景迷人醉，勝地觀光博好評。

白濱途中

欣看奇景聚良儔，智水仁山任暢遊。不負此行千里遠，白濱海岸樂悠悠。

遊日本京都

櫻葩怒放正飄香，春祭人來喜欲狂。笑我偏忘身是客，陶然沉醉在花鄉。

於白濱老爺溫泉飯店

白濱樓會舊相知，裙屐聯翩盛一時。杯酒言歡堪盡樂，高朋滿座醉何辭。

遊京都

城外櫻林處處開，賞花遊客十方來。何當共舞春之祭，一曲清歌唱幾回。

謁清水寺

寺登清水遠塵囂，四野林泉景色饒。此是京都神聖地，隨緣我亦把鐘搖。

謁金閣寺

京都勝蹟久名馳，功載將軍史冊垂。巍閣幸存人已杳，臨風憑弔夕陽遲。

賦別東瀛

雪泥鴻爪話東遊，轉眼詔華過一週。為感誼兄賢伉儷，真情長記在心頭。

遊大分市

砥道迂迴入大分，扇山雪冷樹飄芬。天然地獄誇奇景，別府溫泉早有聞。

一九九八年十月十九日訪日本沼田利根獅子會授証三十週年

苔岑契誼感情豐，獅子精神德望隆。群馬縣中標一幟，卅年聲譽冠瀛東。

訪台中西北兄弟會

相聚獅壇若弟兄，今宵歡宴互杯傾。稻城西北真誠摯，永結金蘭締鷺盟。

一九九二年四月四日訪大阪天滿獅子姊妹會

袍澤聯翩倍結盟，交流文化訴心聲。敘歡杯酒東風暖，剪燭重敦兩舊情。

大稻埕獅子會三十週年感賦

卅週年慶萃群英，稻市獅聲盛典鳴。賓主騰歡欣祝裡，受褒足表善人名。

任大稻埕三十週年主任委員感賦

扶持獅運賴吾儕，戮力同心事事諧。百尺竿頭爭一步，匡時共抱大襟懷。

其二

苔岑契洽記深緣，交誼真同鐵石堅。旗鼓堂堂逢盛典，傾杯歡慶卅週年。

於大稻埕獅子會三十三屆休會感賦

一往和偕想念君，依依別緒嘆離分。天地有情憐異類，人間無限愛同群。

懷　周植夫詞老

江山藻繪一詩豪，裁句霜毫似銳刀。倘使君家猶未死，漁洋才調勵同袍。

二〇〇二年仲夏淡江同學會

五十年前舊識中，同窗一別各西東。聞名憶貌猶童稚，晤面歡聲盡老翁。

賦贈白將軍萬祥先生

耆老杖朝矍鑠翁，才華聲望譽名隆。博通政史文章著，管領群倫意氣雄。

祝宏恩醫院孟院長金婚誌慶

典慶金婚意義新，齊眉舉案倍相親。五旬歲月雙雙度，福慧如君有幾人。

賦贈陳義雄賢兄

義雄家世孰堪儔，北市堪稱第一流。貿易萬邦爭外匯，生財有道展宏猷。

二〇〇〇年庚辰孟秋賦越南台商總會長呂春霖兄

台商外貿善經營，洋拓規模大業成。開發越南功第一，榮膺會長史留名。

遊越南

勝蹟風光眼底收，越南作客暫停留。此行不負來千里，得識新交並暢遊。

遊荷蘭

此邦有地盡栽花，萬紫千紅艷色華。利可外銷裕家國，名號荷蘭實堪誇。

賦贈陳醫師哲雄先生

仁術仁心久著名，太丘不愧舊家聲。活人全仗回春手，學自青囊技自精。

葉金全詩選

葉金全（1934—）。三重市人。於台北市營志文裝訂行。詩學啓蒙於周植夫先生。加入中華民國傳統詩學會、瀛社、松社。現從長安詩社黃天賜老師、姚孝彥老師研習詩詞寫作。任本會理事。

讀　桑農詩翁大作〈野趣〉

山居多野趣，秀嶺步悠然。得句奚囊貯，吟來盡錦篇。

訪洪澤南老師之玉川書齋

書室築溪邊，屯山映眼前。主人瀹香茗，邀客詠詩篇。

從事裝釘業感懷

平生無壯志，惟有業精勤。裝幀書香染，恒心守翰文。

贈陳炳澤詩老

龍馬騁騷壇，屢詩每奪冠。歸來吟大作，矍鑠樂天觀。

己卯端午競渡

驟雨傾盆瀉，基河濁水流。劍潭擂戰鼓，端午競龍舟。

其二

暴雨川流急，龍舟偃鼓旗。臨江懷屈子，忠悃史長垂。

讀　桑農先生大作《莊歌》有感

桑農玉筆耕，錦繡綺章成。開卷松風起，恍聞天籟聲。

燭臺雙峙（淡北八景之一，又名夫妻石）

燭臺雙峙浩洋中，屹立金山搏浪風。點亮真能照滄海，光輝曠夜導歸篷。

圓山桂樹園晨景

扶疏花木竹迎風，桂樹飄香石徑通。破曉人來共茶敘，笑談不忘闢園功。

竹山博辰休閒農場主人——廖博辰先生

清溪溪畔闢農場，林下優遊置別莊。閒伴漁樵如小隱，有時呼客品茶香。

贈竹山廖春熹老畫師

丹青退隱竹山春，逢客描來貌逼真。不待須臾成大作，爭相鑑賞讚傳神。

詣法雨寺謁妙湛大師

櫻岡磺崛湧溫泉，法雨慈雲佈大千。聆聽上人真諦示，滿懷喜悅獻詩箋。

溯達那伊谷溪經阿里山公路

層巒疊嶂碧潺湲，借宿龍頭渡假村。惋惜蔥林瀕伐盡，山巔崖麓變茶園。

懷　周夫子植夫先生

十年授業沐春風，浩蕩師恩感不窮。遽殞儒宗悲永訣，芸窗揮淚絳帷空。

其二

竹潭久抱振騷風，桃李芬芳化育功。一樣暖江流不盡，瞻依不見老詩翁。

閒談

圓山清曉每登臨，品茗閒談話古今。切磋話題雖激烈，直言逆耳本無心。

詠青山園

山居美景富詩情，澗谷溪流漱玉鳴。漫步弔橋觀遠岫，吟風得句自神清。

遊梅山

春來趁興訪梅鄉，人立峰頭感慨長。誰致蓬萊頻旱澇，梅林不見見檳榔。

贈劉文校長

每逢周末喜相隨，侍奉雙親陟翠微。有此佳兒心願足，青山坐對輒忘歸。

長安詩社社友詣法雨寺訪妙湛上人

陽明欣雨霽，再次訪靈山。古寺超俗境，山門半掩關。
前遊詩文輯，敬呈大師刪。錫杖臨法席，聆詩展歡顏。
開示論生死，愚昧不知禪。佛理本深奥，凡人難精專。
初夏祥雲擁，社友結勝緣。叢林清淨地，蒙霑法雨旋。

歐陽開代詩選

歐陽開代（1935—），台北市人，國立台灣大學外文系畢業。曾任伊藤忠商事台北分公司金屬課課長、新加坡宇立電子公司總經理、華新麗華股份有限公司執行副總經理、現任本會監事、華新電通股份有限公司董事長、印尼華新力寶公司總經理。

訪永樂町故居

把酒孤吟日已斜，市場永樂褪繁華。兒時舊識今何在？唯賸街燈傍老家。

七一自述

齡登七一故園歸，花木成陰罩院扉。興至沿山看野鳥，清琴一曲樂餘暉。

清明

先塋寂寂觀音麓，四散六親環宇雲。一載天人惟一會，清明猿嘯雨紛紛。

手風琴

小小風箱掛此身，琴開琴合指生春。客逢知己歌聲按，曲調悠揚溢四隣。

贈別

梅竹棋觴半紀連，今朝折柳淚漣漣。悲歡交錯雲和月，斜日餘霞兩地憐。

贈毛燕珠女士

暮陽秋水月將圓，毛府池塘見一蓮。燕市移台泥不染，珠連翠蓋郁雲天。

七二自壽

古稀越二迓遲春，兒女輕航泛遠津。斜日翔鷗何所適，雲間共燕日相親。

自註：拙荊名燕珠。

過舊金山兒孫僑寓

金山羈遠已三秋，初訪兒孫一駐留。老樹垂陰如燕翼，四時默默阻霜愁。

蛻變

今朝化蝶滿園飛，猶憶前宵隙地饑。處處寒生逢白眼，登元一蛻沐紅暉。

波麗露西餐廳

西餐西樂論西施，約會情人最合宜。半紀風華波麗露，老人月下一絲持。

中元節

慶讚中元百業愁，門前雀戲趁閒休。斜看食品孤行旺，祭品珍肴蔓似丘。

謁聖廟

尼山道統幾千年，沛澤周流到八埏。聖廟時時攜子謁，般期來日智而賢。

新筍

叢竹搖天小院芬，稚兒出土欲凌雲。他時解籜森森立，直節干霄四海聞。

網路詩壇

今古詩壇勢已殊，瞬間網布意中珠。匠心浩瀚微機裡，四海交流李杜途。

賞芒

綠裡皚芒秀大屯，細身斜立賞氤氳。任他如絮風前舞，擬取殘莖好拂塵。

友情

出入紅塵笑面迎，小心應對七分呈。人間我重金蘭誼，助興分憂惟此情。

偶感

蓬島山川秀，穹蒼未見憐。時時環綠水，處處噴紅煙。
私重於公恥，名輕以利先。惟期民智長，他日舉良賢。

林泉逸趣

四季嬌紅綠，草山塵外如。學童臨水戲，栗鼠傍林居。
湛湛孤懷遠，亭亭俗氣除。柴扉鄰碧瓦，一例共憂紓。

逸老

古稀凡務少，市隱最相宜。濯足東西水，埋頭今昔詩。
利名忘抱膝，翰墨礪拈髭。兒女懸帆遠，春遲簷燕熙。

荷塘待月

餘霞似錦映塘波，翠蓋搖風拂面過。遙憶兒孫羈異域，獨依亭閣待仙娥。
鴨群漸散天將黑，酒幔方張客已酡。兩鬢蒼蒼名利淡，放歌傾盞慰蹉跎。

西門扶輪社第三十二屆社長就任感言

社齡卅二值嘉辰，承乏今朝慶履新。海外良朋欣蒞駕，邦中摯友共扶輪。
成員五十根基壯，組織千秋志業申。寶眷聯心作推手，西門明日更超倫。

公主遊輪雜詩

重遊哥本哈根

初遊哥市卅年前，往事追懷恍似煙。重賞人魚據巖石，逍遙濁世待成仙。

自註：哥本哈根爲丹麥首都，蒂佛麗（Tivoli）爲聞名全世界之遊樂園。

船中留影

公主遊輪北海航，邀餐船長客盈堂。良辰美景堪留影，相倚鴛鴦永不忘。

自註：航程中，船長曾有邀宴全體遊客並攝影留念之舉。

次斯德哥爾摩

素仰前賢諾貝爾。邀遊瑞典泊名都。波羅的海風光麗，民主時潮孰可逾。

遊芬蘭

萬湖羅列記芬蘭，世運當年亦壯觀。誓死抗俄爭獨立，英魂終古感桓桓。

鄉音

三千遊客共船洄，屈指寥寥發我台。忽聽鄉音時起落，同胞四海駕潮來。

重遊聖彼得堡

聖堡初遊已十秋，來尋舊夢燕和鷗。巍峨皇殿誇金壁，雍穆教堂衝斗牛。
舞妙歌柔連夜樂，花明柳暗泛舟悠。列寧理想今何在，惟見街中車陣流。

自註：「冬宮」原爲俄羅斯帝國的皇宮，夏宮原名「彼得霍夫宮」，坐落在聖彼得堡西芬蘭灣，是彼得大帝的夏日皇宮。基輔大教堂爲俄羅斯帝國的主教堂，也是聖彼得堡最大的教堂。以羅曼諾夫王朝的守護神——達爾馬提亞的聖伊薩克命名。

遊愛沙尼亞首都塔林

小國都城署塔林，千年文化外鄰侵。物豐民俊新邦立，吳越同舟理自尋。

自註：國內愛人/俄人各佔65/35%

三遊波蘭

北海稱雄國，藝文居核心。居禮雄科界，蕭邦振樂音。
團盟民主奮，礦產利源尋。左右縱橫苦，英才屢出欽。

自註：團盟即團結連盟（solidarity）工會。

遊挪威首都奧斯陸

蒼天何特惠挪威，綺峽飄銀健將飛。衰衰黑金文藝潤，幾時蓬島蔭斯暉。

鄞強詩選

鄞強（1935—），字有功，別署柳塘軒主。臺灣屏東潮州鎮人。少貧遂半工半讀。師事於林錫麟、李嘯庵、張高懷諸先生門下遊。克苦耐勞，事親以孝聞。曾加入天籟吟社、高山文社。因欲促進全民愛國精神，曾獨自在故鄉潮州舉辦全國詩人聯吟大會二次。宏揚詩教不遺餘力。著有《鄞氏渡臺始祖保相公詩畫紀念集》行世。

南元和性之旅 壬午孟冬

南元煙景最清幽，百種珍禽眼底收。異樹奇花爭豔放，天鵝湖境逗人遊。

耆英愛心團契

享受溫馨契友情，虔誠付出樂人生。團員博愛扶貧弱，懷抱慈心好事成。

秀姑巒溪之旅

彎曲巒溪疊翠幽，招徠雅客競飛舟。秀姑婀娜饒清趣，艇陣迂迴泛急流。

中日文化交流詩詞吟唱會

有緣千里來相會，戊子三春契雅盟。喜迓扶桑騷客至，賡歌逸韻振天聲。

松年大學畢業有感

擷取新知學少年，語言書畫得深研。榮膺學士全勤獎，上帝恩叨福壽延。

小琉球覽勝

潮平東港暢遊情，海底觀光視野清。噴射飛船衝破浪，琉球妙景本天成。

新光大樓攻頂 有序

二〇〇四年七十初度，猶童心未減，於十二月十八日與青壯輩競登四十六層新光大樓。

高聳崇樓卌六層，沖霄壯志再躋登。千人連續衝前急，七秩焉堪落後稱。意氣飛揚如電掣，精神矍鑠似龍騰。新光我與群爭陟，十二分鐘證體能。

七秩晉三感賦

省身持志效曾參，一事無成只自慚。但願輸誠親友契，何辭扢雅聖賢探。優游藝苑詩千百，閱歷凡塵歲七三。克盡艱難堅忍辱，康強體魄境回甘。

臺北孔廟詩學研究會成立八週年

北都孔廟著鞭先，萬仞宮牆木鐸宣。學子研詩明句讀，導師授業振歌絃。扣鐘鳴鼓民心化，玉律金聲聖道傳。八載功猷輝魯殿，起衰文運繼前賢。

蔣孟樑詩選

蔣孟樑（1936—）號夢龍。原籍福建惠安，民國二十五年生於基隆。業石刻於南榮路。師承羅鶴泉夫子，精研文史垂十載，書宗澹廬，爲曹秋圃先生得意門生，並隨名詩人周植夫勤習詩學凡二十載，故工詩善書，爲當世所重。歷任基隆詩學研究會理事長，基隆書道會理事長，澹廬書會副會長，中華民國傳統詩學會副理事長等，現爲本會理事。

雞籠雜詠五首

馳名雨港古雞籠，砥柱中流護海東。鎖鑰北臺驅法虜，永懷壯肅建奇功。

其二

港都淒美雨濛濛，堤岸徘徊沐海風。船笛一聲人惜別，悲情城市憶雞籠。

其三

海門鎖鑰鎮雄關，大廈凌霄壯港灣。覽勝波光驚碧麗，憑欄展望賞雞山。

其四

陋園徙倚憶先儒，環鏡詩樓著海都。憑弔人來傷往事，三春煙景繞名區。

其五

海門天險護基隆，港口輪船四海通。仙洞聽濤尋古蹟，慈悲大佛沐春風。

江南雜詠

中國書法學會海外交流展拜謁中山陵（乙酉年）

中山陵寢鎮鍾山，千里團員謁聖顏。兩岸同心尊國父，三民真理救人間。
終生盡瘁興邦業，遺志猶懷亂世艱。共步天階高仰止，長存浩氣壯雄關。

乙酉三春三訪西湖

重訪西湖一夢中，煙波猶共昔時同。三潭印月穿清沼，六合浮屠聳碧空。
山外有山迷過客，斷橋不斷續如風。鳥癡花醉春光好，畫意詩情感我衷。

隨釋廣元團長乙酉立春抵南京

沖霄銀翼向金陵，文化交流氣蔚蒸。久慕江南風景好，一團和氣有高僧。

夜遊秦淮河

秦淮故事記猶深，小宛香魂何處尋。雪月風花今不見，烏衣巷口市塵侵。

南京中華門

有明城堡固金湯，捉鱉甕中殲敵方。太息王朝頻失守，普施仁政勝關防。

團員拜謁玄奘寺

素筵盛饌味殊珍，和尚慈懷法相親。三謁同登玄奘寺，虔誠禮佛滅貪嗔。

交流展於江蘇美術館揭幕

金陵自古廣英才，盛會凌霄跨海來。且看百家齊放日，六朝勝地喜相陪。

遊揚州瘦西湖

金陵一路上揚州，嬌瘦西湖喜暢遊。三月風花開正好，煙橋廿四跨芳州。

無錫寄暢園觀賞天下第二泉

園稱寄暢百花柔，御筆題詩嘆勁遒。天下甘泉尊第二，樓臺亭榭疊林丘。

蘇州拙政園

拙政名園喜重臨，十年歲月記猶深。杜鵑花節花爭放，勝景徘徊且嘯吟。

遊吳哥窟古城

精雕石窟嘆天工，殿宇崔巍聳碧空。四面靈神展微笑，千年古國壯雄風。
遊人攬景銷魂魄，入眼舒懷振聵聾。太息王朝終沒落，只遺殘壘夕陽中。

謁佛陀初轉法輪聖地鹿野苑

釋教流傳仰世尊，悠悠鹿苑探根源。一心嚮往明宗派，千里西來禮佛門。
初轉法輪參聖地，苦修真道說衹園。甚深般若超三界，濟渡群生萬德存。

登昆明龍門西山眺望滇池

龍門山上望滇池，勝概堪誇此獨奇。碧海茫茫翻錦浪，昆城點點映朝曦。
秋風送爽精神健，磴道攀登步履遲。到此一遊償宿願，山川怡性復奚疑。

祝倪資政摶九先生九秩榮壽

山左耆英譽海東，恢宏氣度仰高風。文章久著邦家重，道德咸尊器宇隆。
曼倩偷桃稱九秩，麻姑獻酒頌無窮。勛勞國政昭朝野，同祝靈椿千歲豐。

自題近照

此生未見真吾相，紙上徒看咫尺威。塵世茫茫多異路，悠悠六十七年非。

壬午年新春

千里神駒駕海東，春光爛漫萬花紅。起飛經濟興蓬島，四海昇平國運隆。

詩詠南投魚池鄉

魚池鄉美著瀛洲，自愛明潭景色幽。涵碧樓臺堪駐足，遊人一宿可忘憂。

歡迎廈門書畫家蒞基訪問

鷺江潮水接雞籠，兩岸同根血脈融。文化交流揚國粹，中華藝道卜興隆。

廈門兩岸書畫交流於大佛禪院

慈悲大佛畫圖開，兩岸交流喜客來。落筆雲煙施法雨，中華文化蔚雄才。

歡迎廈門書畫名家蒞臨大佛禪院

久聞鷺島出名家，書畫交流蒞海涯。文化復興歸一統，慈雲法雨筆花開。

東北三省記遊

初到哈爾濱市

松花江畔立多時，東北風光亦偉奇。猶憶蘇俄侵佔史，而今經濟日飛馳。

遊長白山天池

間關萬里訪天池，雲霧迷濛費苦思。一達高峰忽開朗，攬觀勝景歎雄奇。

導遊楊小姐如韓昌黎能開雲見日

楊姐導遊生異才，精誠一念撥雲開。天池如鏡輝秋日，長白山頭覽幾回。

參觀長春偽清宮殿

偽清宮殿已斜陽，東北春城桂蕊香。侵略終招亡國恨，溥儀傀儡最堪傷。

初訪吉林市

吉林城市美如詩，曾抗強權屢壓欺。攬景猶懷張大帥，關東局勢賴維持。

參觀旅順二〇三高地

窮兵黷武已雲銷，高地雄關總寂寥。蚌鷸相爭誰得利，日俄罪惡最難饒。

澹廬書會新春揮毫

喜見澹廬放異光，開春試筆燦雄芒。連曾繼紹薪傳責，老圃新花發妙香。

洪龍溪詩選

洪龍溪（1939—），台灣彰化縣人。一生從事公務人員達三十七年之久，退休後即加入中華民國傳統詩學會，彰化縣詩學研究協會，彰化縣興賢吟社，臺灣瀛社詩學會，中華楚騷研究會，現爲彰化縣國學研究協會理事。

戊子年展望

鼠光一道淨陰霾，戊子開端國運佳。瀰漫煙雲浮瑞氣，順章天理巧安排。

王功燈塔

王功煙景似仙寰，燈塔巍巍照海灣。引導歸帆船入港，地沿一脈接沙山。

註：沙山即彰化芳苑

二林冬望

二林煙景倚欄看，西接台江眼界寬。遍野木麻黃樹瘦，凜風拂袖不勝寒。

山東之旅

山東之旅八天遊，精選行程品質優。公務退休三九客，一同乘興往神舟。

其二

凌空銀翼抵香江，航廈雄觀冠萬邦。各國機型如展覽，四方八面客依窗。

其三

香港乘風到濟南，下機進入市街叅。高樓大廈如春筍，省會高中五十三。

其四

濟南名勝大明湖，波靜月清船影敷。千佛山崖千佛聚，靈岩峰寺露甘濡。

其五

先師至聖古精神，曲阜生居四水鄰。孔子黃河泰山匯，一山一水一名人。

其六

濟南是至聖家鄉，孔廟府林開學堂。文化遺留諸古蹟，生民共仰漢文章。

其七

五嶽獨尊稱泰山，纜車代步去來還。另階八百須行走，攻頂人人盡力攀。

其八

泰山嶺上玉皇封，廟柱題聯迎客逢。地到無邊天作界，山登絕頂我為峰。

其九

淄博風箏的故鄉，大觀覽室似飛揚。馳名世界全精品，童子線牽長又長。

其十

神奇壯麗蓬萊閣，氣勢雄姿赤壘山，秦始皇朝人採葯，仙丹去老少年還。

十一

煙台山上美公園，領館爭先樹幟旛。美法日英葡國據，地形險要蹟猶存。

十二

中日爭端甲午年，戰情通報火升煙。關頭一役劉公島，致使春帆恨事綿。

自註：一九四年，中日甲午海戰，就發生在該劉公島東部海域。

十三

青島馳名啤酒莊，人人暢飲潤脾腸。山東大麥為原料，全國聯營次第張。

十四

連日參觀近尾聲，風光飽覽豁心情。八天遊遍山東省，不愧迢迢萬里行。

黃天賜詩選

黃天賜台北市人，民國廿八年生。秉性狂狷，不喜拘束，故於詩也，不學擊鉢，而好閒詠，尤嗜古詩，以其可以馳騁天地，出入古今，得自然之順，去雕琢之痕，是余詩之所盼也。惟以駑劣，詩作不多，或於失意之時，或於感憤之際，始有所作。今錄一二十首，以存其真。

贈洪世謀社友

莫道知音何處尋，華堂初履酒頻斟。釣鼇愧我無心久，把臂同君徹夜吟。

飲酒四首

每逢雅集　輒與社友痛飲而歸

幾見人間阮部兵，欲添酒國作長城。三邊將帥頻號令，一馬當先雜醉醒。

二

相逢一飲破春溫，到此方知酒味淳。席上佳人漫相笑，飄然我已醉醺醺。

三

走馬當年章柳台，輕歌慢舞為誰開。高歌一曲今何世，百丈紅塵滾滾來。

四

騎驢覓句幾多年，卻恨浮名夢裡牽。但願相逢一長醉，好將歸去倒頭眠。

牆

此詩乃詠中國長城、柏林圍牆、耶路撒冷哭牆

漫笑防胡無計施，奔馳塞外遍胡兒。誰知今古一同例，悵望東西豈異時。
一角孤城成敵國，三邊鼎足據雄師。傷心更見哭牆下，千古人來淚暗垂。

祝駱金榜詞長八十大壽

欣君八十履猶輕，到處尋詩結鷺盟。有客相逢唯好酒，無心涉獵竟成名。
題襟雅韻人傳誦，並世風流孰與爭。愧我忝為瀛社友，十年依舊學驢鳴。

醉歌行

祝林振盛詞長七十壽慶

人生七十欣何有？我欲呼朋敬君酒。知君學道究天人，能知天道不窺牖。
閒來無事即長吟，風流恥居在人後。與我相逢醉必爭，豪氣沖天光射斗。
不知我醉君醉先？斗酒未空詩百篇。放懷誰是李青蓮？長將白眼看青天。
餘子風流復誰在？不如歸抱清風眠。

愛詩吟

愛詩卻被人笑癡，口中喃喃常有辭。路逢熟人竟不知，但為推敲苦造詞。
偶得佳句樂何之，兩句三年來未遲。撚鬚大笑捨我誰！
或逢拙句苦再思，神魂顛倒日夜馳。忽於夢中化神奇，得意真成一字師。
醒來卻問此誰詩？是我非耶頻自疑？作詩之苦苦如此，作詩之樂又誰知。
大塊文章假我手，天地大美無言辭。

莊子曰：天地有大美而不言。

大易飛龍歌

君不見，潛龍勿用抑且藏，見龍在田待風揚。
終日乾乾惕若厲，或躍在淵勢必張。飛龍在天無天闕，亢龍有悔終自嘗！
履霜當預堅冰至，牝馬之貞行無疆。直方大後知含章，無譽無咎慎括囊。
黃裳元吉人所羡，龍戰于野血玄黃！天地之道本如此，乾坤而外無玄方。
用九用六隨其變，群龍無首德方長。六爻時位無定序，大明終始天自強。
卻笑莊生稱豁達，逍遙一賦何洋洋。扶搖直上九萬里，風斯在下天蒼蒼。
但見天鷃竟何謂，決起而飛突榆枋。時或不至投於地，蓬蒿此亦樂翱翔！
是知小大雖有別，其樂自得終相當。三餐而返猶果腹，豈必三月為聚糧。

列子乘風猶有待，至人無夢乃真常。何不秉天御六氣，長歌笑傲無何鄉！

生癰歌

我生一癰似拳大，不生別處生股下。三日就醫應未遲，卻恨庸醫真可罵！
五日癰破竟未癒，終日疼痛難自把。向來腰腳健如飛，此時步行若騎馬。
一步三搖天地旋，攤卷眼花苦無那。卻勞諸友頻探詢，竟日學堂坐如啞。
終向三總轉求醫，始知病源在肛胯。一刀割破病始痊，血濃飛迸雜黃赭。
乃知莊子無戲言，道在屎溺終非假。歸來急欲讀南華，轉笑人間無達者。
區區一病奈君何，何不聽我生癰歌。來去委順乘天和，病與不病何其多？

奇緣讀書會歌

奇緣道來緣真奇，因書相聚緣誰知。每逢開會喜孜孜，卻笑四顧多英雌。
惠民善辯如惠施，據几高談誰抗之，空令男士長嗟咨。寶玉匆匆自來去，
十次九次未見之，每見眾目驚交馳。淑悅楚楚多嬌姿，我見猶憐情暗滋，
恨無金屋可藏之。瑩玉多感善文辭，體驗與我最相知，每逢爭辯常護持，
不令小丑意逞之。忽憶美珍久不見，料應時務多纏之，何不一來相見解相思？
容祥彬彬真君子，徐徐而談不急辭，我累欲眠且聽之。唯我好辯誰不知，
機鋒一一喜凌遲，邇來卻道知謙讓，鐵漢柔情孰令之？

此詩連押七個之韻，一之詠一人；不只緣奇、事奇，詩亦奇也。然非獨創，乃效杜甫飲中八仙歌之制，而稍異之。

哭蔡秋金詞長

我與君交時也遲，蒙君提挈長懷思。初招猴嶺登仙墀，復入瀛社情兼師。
大雅久衰誰護持？喜君直言天下知。詩酒無愧名交馳。每為月旦無偏私。
都下拍手嗤群兒。醉後稱佛尤特奇。好酒傷身亦何悲。泰山隳矣恨長遺！
而我平生拙言辭，卌載落落惟耽詩。與君時或心相期，文章匡世捨我誰？
焉知一病終何為。人間翻添墮淚碑。此心欲報人己渺，英魂長哭秋江湄。

飛龍引

贈蔣夢龍社友　參觀「蔣夢龍百聯創作展」賦贈

夢龍乃真龍，真龍猶恐不如其氣雄。落筆淋漓元氣充，千姿百態誰與同？
或見其草狂而逸，來去飄忽追無踪。或見其行清且麗，莊矜脫略皆從容。
我固不知書法妙，我獨愛其墨韻濃。今見百聯筆更恣，蒼虬飛躍凌長空。
其字也若此，其人則謙恭。我雖與之非莫逆，年來瀛社時相從。
每與傾談無疾色，恂恂真乃儒者風。愧我平生自傲岸，與人寡合如孤鴻。
而今一見長揖讓，敢不謂之乃真龍。真龍真龍誰識汝？掀髯笑我一禿翁。

飲者歌

贈王前社友　作於臺灣瀛社詩學會成立大會，醉而贈之

戰國策：齊宣王見顏斶曰：「斶前。」斶亦曰：「王前。」宣王不悅。

王曰汝前，汝曰王前，每憶王前事何鮮。
笑我平生亦如此，相逢意氣莫相煎。昨日豪飲若不足，今朝且共抱甕眠。
古來飲者何足數，其誰乃敢自稱仙？縱教太白今重世，我亦相逢不讓賢。
人生得失直須飲，何須斗酒詩百篇。長鯨一吸四海盡，乃使滄海三成田。
揚鞭縱馬追其後，直上銀河傍日邊。下窺群星駕雲霧，並與飛龍舞帝筵。
仙班朝闕迎新主，我獨箕踞青雲顛。手把酒瓢坐箕尾，欲與天地長周旋。
仙人騎鹿汗漫上，四海雲遊孰比肩。我輩風流當若此，何為抑壘空悲憐？
但願千杯一飲盡，相扶莫笑誰醉先。王郎王郎莫笑誰醉先，我欲抱甕呼汝前！

雲龍天馬歌

龍一噓氣雲始生，龍乃乘雲遊太清。
是其所生乃所乘，乘之始得窮蒼冥。旁薄日月窺群星。
雲無龍兮雲莫成，龍無雲兮莫飛騰。其誰主從難定評，無乃天地構其精。
卻笑韓愈雲從龍兮語何憑？君不見大宛馬，龍脊昂首仰天鳴。
一日奔馳千里行，漢武求之西北征。豈待伯樂方揚名，汗血汗血天下驚！

望仙辭　「祝賀姚啓甲酒會」側記

有美臨兮白鷺飛，素衣搖曳何多姿。我望仙人繞帝畿，恨無仙籍與相隨。
雲糾縵兮心獨悲，日忽晏兮駕六螭。經若木兮歸崦嵫，帝鄉去去遙難思。
空留此兮望仙辭，人間有夢長嗟咨。

同學歌　贈姚啓甲社友

我與姚啓甲、歐陽開代三人俱爲建中校友，故每相見，呼我同學，其情殷殷，而我久困風塵，實不足以比之；姚君今更膺任國際扶輪二〇〇八－二〇〇九年度、三四九〇地區總監，我輩同感榮焉，故贈此歌。

富而好禮樂施仁，呼我同學情彌真。駟馬高軒不自得，相逢但論文章頻。
江湖愧我長落拓，與君不敢相攀親。高標卻喜清照水，人間幾見稱鳳麟。
更聞奮志推詩教，廣邀彥碩為傳薪。廿年我亦懷斯志，空山跫響誰為鄰？
長安十載幾回首，篳路藍縷多苦辛。前日祝君酒會上，聞君一席言何振。
欲為騷壇盡綿薄，要使風流屬我人。昨宵更喜同論酒，千杯一掃愁眉新。
英雄氣概本如此，天下何人敢笑貧。囊中有詩人自富，聲氣相激力千鈞。
建安風骨遙難見，大雅久衰欲誰陳？贈此一歌君莫笑，但期重覩開元春。

曾見

小隱潭在陽明山公園裡

曾見花開滿山谷，風來忽復又飄零。自嘶老至情猶在，不覺春殘淚欲傾。
扶杖有時疲暫住，護香無計恨難名。但聽小隱潭邊水，一樣傷心是此聲。

寄懷北投法雨寺妙湛上人

上人曾至長安詩社開示，宣演佛法，我卻與之持論不下。

錫杖今歸去，西山日暮時。恃才終愧我，論道數懷師。
遊戲傳三昧，詼諧唱俚詞。此中應有意，爭得外人知。

懷劉道友

何事清齋裡，連朝不見君？忽歸鄉里去，未遣故人聞。
入市民多智，還山日易昏。惟知同好道，莫負讀經勤。

尤錫輝詩選

尤錫輝（1939—），原籍鹿港。一九五八年旅居台中市，任職台灣電力公司凡四十五年。退休後始勤於學習漢學、詩文、國畫、書法等藝術及地方文史，並投入志工服務。二〇〇六年加入瀛社，現爲彰化文開詩社社員及梅川傳統文化學會理事。

暮春即事

三月銷紅雨，春光剩幾分。油桐花接韻，綠意了無垠。

醉菊

霜落九秋時，黃英遍地披。破寒一樽酒，朝暮醉東籬。

清明節

潤餅東南俗，泉漳自不同。每逢追遠日，不忘古淳風。

憶舊居

吾家徒四壁，空架綠川邊。岸柳慇懃意，誰知風雨天。

稀客

廈門稀客至，邀我作相陪。談及同源事，人生能幾回。

南亞海嘯

海中一嘯捲南疆，塗炭生靈廿萬殤。母失父離孤子淚，人間大愛解私囊。

乙酉有作

為官處世態須低，榮耀無關榜上題。不願封侯歸馬上，但求五德學金雞。

送窮

遷延慵懶稱天性，積弊成多己不知。丙戌開年新願望，萬般惡習自茲移。

春霽

春寒料峭雨綿綿，初霽江山現瑞煙。最是韶光呈淑氣，兒童雀躍戲鞦韆。

懷母恩

懷胎十月尚劬勞，養育千方獨自操。反哺慈恩原有意，天人永隔嘆滔滔。

進慈光漢學週年有感

慈光漢學名師集，繼往依然傳古音。我學詩書才一載，巧門窺得感恩深。

大愛

生財彩券人人愛，樂透天機命裡存。女史心腸真活佛，捐輸獎額不言恩。

自註：記無名女教師捐樂透彩金

閱師祖詩鈔有賦

師祖詩鈔置壁隅，看如廢物少錙銖。誰知名著嘔心作，一代書生大碩儒。

自註：參仰清河老師珍藏其先師郭茂松大儒詩作手鈔有感。

清宵得句

碌碌風塵本苦艱，浮生幾得片時閑。談心喜有賢鷗侶，句在清宵甌茗間。

浮生

花甲餘年始學文，詩書習作貴精勤。來朝解得吟中奧，定向騷壇樹一軍。

首屆閩臺對渡文化節暨蚶江海上潑水節詩四首 有序

清乾隆四十九年（1784）鹿港與泉州府蚶江港正式設口（海關）對渡。二〇〇七年端午，鹿港應邀組團作首屆交流，賦詩四首以誌其事。

賀閩臺對渡暨蚶江潑水節

鼕鼕鑼鼓大旗開，潑水龍舟次第來。對渡交流稱首屆，原鄉歡樂共交杯。

蚶江觀海有感

遙望波濤氣勢連，漁家巨手領航先。飛帆隱約蚶江現，對渡悠悠兩百年。

原鄉

耕讀桃源遠犬戎，人文薈萃冠閩中。蚶江對渡經三代，今識原鄉淳古風。

原音

文化交流端午節，敦盟兩地喜相諧。高峯談論非吾擅，但聽原音最感懷。

陳欽財詩選

陳欽財（1940—）基隆市人。淡江大學外國語文學系畢業。曾任國光貿易公司英文秘書，固德信企業公司總經理，中華民國傳統詩學會副理事長，基隆長青獅子會會長，基隆公益會創會暨一、二屆會長，光隆家商職校英文教師。現任本會常務理事、中國詩人文化會名譽副理事長，基隆市詩學會理事長，基隆市長青學苑詩詞講師。

基隆頌

其一

北台鎖鑰固金湯，水抱山環地勢強。屏障基津維社稷，千秋樂利比天長。

其二

鷹翔燕語遍花香，綠女紅男喜氣揚。雅景繽紛歡處處，浮生享受暢徜徉。

其三

彬彬文質振五常，平等自由法治張。建教民財咸踐實，宜居宜室好家鄉。

〈基隆市歌〉歌詞

其一

山城臨瀚海，鳶鳥任飛翔。對唱漁歌樂，基隆好地方。

其二

聽濤仙洞岸，大佛遍慈光。梵曉靈泉寺，獅峯醉夕陽。

其三

黔黎遵本份，郅治振綱常。建教民財踐，祥和世盼揚。

地震

山搖地動斷垣留，道路迷離百姓憂。滿目瘡痍如戰後，祈天體恤解天仇。

冬山河整治誌略

其一

冬山河水自天來，陡入低窪遇雨災。院長臨巡輸浚款，黔黎樂業笑顏開。

其二

治理工程按部施，分年分段展宏規。名家瀝血嘔心作，鬼斧神雕曠世奇。

其三

一灣清澈見魚游，野趣橫生賽獨舟。雷動歡聲區運響，體壇突起盛名浮。

其四

亭台樓閣采飛揚，綠葉紅花散異香。親水公園鯤島甲，咸宜老少喜洋洋。

歡迎世界詩人蒞臨台北

鷺鷗盟己巳，台北喜鏖詩。四海欣賓至，千秋美韻推。
元音揚教化，大雅振倫彝，心手相聯繫，騷壇壯鼓旗。

淨心強本

靈台勤拂拭，莫讓污塵封。心淨思維潤，慾無正氣濃。
強身成族本，健體締邦鋒。社稷詩氛渡，基宏國造峰。

綢繆

未雨籌謀驟雨天，得心應手盡怡然。養兒為老孤單杜，積穀防飢富足延。
遲暮傷悲因失學，少年奮發可成賢。經綸濟世書生志，有備無虞樂似仙。

泉州市升格十周年誌慶

泉州升格喜洋洋，十載功成彩滿鄉。壯麗河山饒勝景，偉奇史物富名堂。
刺桐墨客聞千里，華夏淳風振五常。鯉躍龍門欣郅治，民財建教慶輝煌。

林主席聲先生令堂百歲誕辰誌慶

政協高堂百歲榮，遼寧林府喜鷗盟。瀛洲墨客黃庭誦，大陸朱侯綠玉呈。
主席熱腸稱兩岸，壽星厚道慶三生。添籌海屋期頤樂，祝嘏麻姑巧奏笙。

許又勻詩選

許又勻（1940—）號玄如，臺南市人，早歲徙北定居，畢業於臺北市立女子師專，曾任教職二十餘載，嗣轉出版業，現為東穎出版社負責人。師承廉永英、周植夫、李春榮、陳榮弫諸師。今於長安詩社隨黃天賜、姚孝彥二師研讀《莊子》、《詩經》。平素喜研佛學、文學，尤好詩詞、散文、傳記等，現任本會理事。

悲蘭蕙

蘭蕙生幽谷，含英自抱芳。時遷君不採，逐日漸枯黃。

花市買花

奼紫嫣紅競艷姿，賞心悅目選新枝。移來粧點階前美，舞向春風好乞詩。

詩興

起身未顧理床鋪，伏案攤箋急振書。詩作猶如鸚鵡語，才情漫笑半丁無。

竹枝詞——樂透迷

六番數字本難知，萬眾成迷美夢祈。待得圓球謎底揭，滿街盡是槓龜兒。

淡水紅樓

紅樓偉構不虛名，挺拔門庭古意盈。遊客簷廊共茶敘，斜陽伴映說人生。

深秋參訪外雙溪淨因寺

四人為訪淨因來，跋嶺秋風一路陪。幽徑偏郊無客過，山花野菊滿山開。

自註：四人者黃天賜老師伉儷、李佩玉、許又勻。

其二

登階入寺寂無人，惟見庭花錦繡新。佛殿忽聞門啟動，尼師問訊遠迎賓。

其三

大雄寶殿一塵無，禮拜觀音五體趨。團坐聆師傳法語，心開意解踏歸途。

小支湖布瀑

坐瞻白練瀉深淵，湧溢灘前化細川。此去奔波三百里，祈君一路澤良田。

自註：瀑布位於南投竹山與雲林草嶺間崇山峻嶺處。

鳥卦（2006.12.03）

籠中素雀最靈知，卜客來前默禱祈。三事憑伊啄籤出，主人巧口解玄機。

自註：主人乃一年輕貌秀女相士，有張端正巧口，說文解圖時又能中肯理性分析籤詩內容，更顯其秀外慧中特質。

凌雲寺——八里凌雲寺（2006.12.03）

女媧補石落峰前，峭壁如屏矗嶺巔。卻見層巒蒼翠裡，巍然一寺擁雲邊。

天霽（2005.12.30於摩天嶺）

霏霏細雨兩三天，忽放晴明景色鮮。松葉尖端珠剔透，琉璃世界湧身前。

三峽老街

老街盈古意，沉寂幾多秋。荒宅蟲吟嘆，頹樓雨滴愁。

鄉紳齊擘劃，耆老共精修。亥歲風華展，人潮絡繹游。

自註：老街重建起於九十一年至九十五年年底完成，由北縣政府撥款資助。於九十六年農曆春節以全新風貌再現。每遇例假日人潮絡繹不絕，已成北台觀光重點。

憶童年（以下五古）

昔日童年時，放牛野山谿。兩小無猜嫌，相互當馬騎。
而今皆長大，各自奔東西。相逢不相識，回想意凄迷。

迎賓賦

雲天映夕照，黃英璨離邊。飛轂騁馳至，主人迓門前。
嘉賓魚貫入，相見喜拍肩。迎客登堂室，行李安頓先。
園中覽妍色，茶亭汲水煎。園坐話旅況，茗香四溢延。
暮色籠大地，移座農舍田。勁歌催起舞，婆娑影翩翩。
夜宴饗鄉味，山肴色味鮮。畫像憑籤繪，賓主俗慮蠲。
更深萬籟寂，寒月臨中天。明朝須早起，催促速安眠。

自註：二〇〇五年十一月八日，長安詩社詩友及眷屬二十人走訪青山園紀實。

伽溪園即事

清水谿濱起樓閣，綺欄畫棟照夕陽。泉榭槃榕增逸興，一線飛橋懸遠方。
極目悠雲染秋色，低眉構思蘊詩章。遠眺七叔沿橋至，相迎入座品茶香。
家事國政漫談說，悲喜人生樂傾觴。近親遠客欣相聚，主人伉儷情意長。

自註：伽溪園位於南投竹山桶頭里，濱臨清水溪，乃堂弟博辰所興建之有機農場。

再訪法雨寺妙湛長老

騷明重訪法雨寺，新築大殿橫眼前。舊苑奇葩不復見，如真似幻景象遷。
縱目巢屋今尚在，糾松蓊鬱仍參天。弟子來迎魚貫入，引步幽徑蜿蜒穿。
客堂長老已就位，招手延客入座先。趨前問訊端詳久，神采奕奕氣悠閑。
八載縈懷今更健，一時憂慮化雲煙。長老開示傳佛偈，騷朋恭敬獻詩箋。
諦聽佛法時忽午，齋堂清淨絕塵緣。素餐兩席團團坐，桂筍山餚滋味鮮。
宴罷禮佛參寶殿，孺慕如來福慧圓。再續啟萌法寶演，甘露灌頂俗慮蠲。
日哺長老須休憩，社長結語讚真詮。身心怡暢道珍重，頻頻回首意忻然。
但祈醒眾法輪轉，擇期再淨八識田。

自註：二〇〇六年四月三十日長安詩社詩友十九人結隊往草山法雨寺拜謁妙湛長老，諦聽開示法寶，於未時告別下山。長老高齡九十，聲如洪鐘，神采奕奕，法相莊嚴，使人景仰。請教其養身之道，自云粗茶淡菜，無油無鹽，弗想弗思，日惟讀經打坐，別胡它求。噫！空門寂靜，無生境界，唯有聖者堪為，紅塵俗子肅然躬身禮敬。

玉川書齋雅敘

風和齋靜水潺潺，開豁軒窗揖翠山。美景論詩添逸興，浮生能得幾幽閒。

自註：參謁妙湛上人下山後，應邀至洪澤南老師書齋，泡茶、論詩、賞景，感而賦此。

妙湛長老圓寂

昨日瀛社祥樓會，飛觥交錯興方張。忽見美瑛趨前曰，妙湛長老歸西方。
噩耗如雷轟頂蓋，呆若木雞淚盈眶。幾回歡聚聆開示，耳提面命啟詩章。
屢促出家早見性，愧未如願居家忙。音容歷歷猶在目，今歸淨土常寂光。
菩薩玉容威烈烈，圓滿化身放光芒。有相之相非真相，乘願再來法益彰。

靈鷲山紀遊

（二〇〇五年十月六日黃天賜葉金全楊志堅甄寶玉李佩玉許又勻六人同行）

冬陽欣高照，騷朋北海行。首覽聖山寺，惜哉景物更。
候車上鷲嶺，轂馳巒頂經。海天共一色，滿座驚讚聲。
山門湧天際，觀音垂手迎。凡夫入聖地，梵樂滌心清。
十二因緣圖，三世輪迴示。若能絕一支，可免六道墜。
八十華嚴會，聖眾列兩旁。經寶喧穹際，祈求法界昌。
多羅觀音下，繞佛行七匝。經輪一再轉，朝野禱融合。
香積天廚供，供佛供眾生。嘉肴般般美，滋人色身榮。
師父閉關中，未能接信眾。企盼法雨施，期許再圓夢。
夕日偏西照，崖谷起雲嵐。靈山依依別，擇期待續參。

李政村詩選

李政村（1941—），台北縣雙溪鄉人。十七歲入漢學名儒瑞芳地區記者公會理事長張長江之門，並承姚德昌老師指導，姚師許爲關門弟子。民國七十八年參加瑞芳詩學會任總幹事，並主筆煥寮福龍宮廟聯。九十三年八月承翁正雄副社長紹入瀛社，現任本會監事。

山居詞歌

景觀世態（民國九十六年）

春晨草木青，漫步至郊坰。逸興攀峯頂，悠然入野亭。
穹蒼移皓月，宇宙隱群星。四望連疆翠，千嶂起伏形。
山尖飄麗彩，夾谷藏幽靈。海浪成銀帶，波濤繫舌鈴。
更鷄司報曉，歸雁息沙汀。瘦鶴騎牛背，肥蛙戲水萍。
蘭葩迎雅士，腐葉育飛螢。粉蝶痴花艷，黃蜂戀蕊馨。
蟲歌和享樂，蟬韻嘒迷聽。扁柏穿崖坎，長藤繞絕陘。
飲茶觀勝景，醉酒棄空瓶。幼鳥吱呱叫，灰鶯啄未停。
議場常打架，社會怎安寧。股市之財主，搜錢騙白丁。
老囚療養院，兒浪忽家庭。黨派因渣污，言行染血腥。

貧窮懷舊地，富貴旅天廷。惡鬥真誠少，欺瞞處事零。（註一）
傳聞頻失實，拗怒發雷霆。爆指黑金客，難從作玉屏。
合驚生骨刺，恨似眼中釘。博愛加良範，芳名樹典型。
官貪人感怕，吏正眾心銘。裕國謀民利，匡時學美經。
仁君無亂語，濟世智清醒。

註一：馬英九與王金平。
註二：二七〇字不敢重複使用。運兮命兮，白髮已齊，處世無才，淚泣頭低。

齊韻亂彈（民國九十五年）

彈聲起！喔！我
腹肚飢寒忍，衣裳著整齊。人生忙裏老，處世莫相詆。
作事求圓滿，猜疑惹問題。論評分善惡，憤怒比高低。
謾罵如風號，操聲似馬嘶。崎途囹黑獄，勵學上青梯。
昔往糾紛解，今逢勿再提。慎思前錯誤，落魄後哀悽。
氣使身心損，居安福壽締。工勤除困苦，毒引賭沉迷。
美女防奸計，戇夫娶好妻。偷歡双意愛，驚怕五更鷄。
粉蝶痴紅蕊，垂揚蕩碧溪。夜深星閃耀，暮至日斜西。
瀑布銀花噴，天空白鶴啼。尖峯觀秀景，幽谷覓靈犀。

水急魚飛跳，枝長鳥寄棲。少年攀峻嶺，耋者健登隄。
喜覽鼻頭角，欣看七色霓。衷情懷烈士，無力惠群黎。
愧仄悲傷哭，羞遭恥笑批。承恩難報答，久債受嘲奚。
歲月頻歸去，乾坤未答兮。臉皮三尺厚，懶洗用牛犁。

註：丁亥雨水。

芒花季節暢覽金九風光（民國九十五年）

一、九份風光

暢覽黃金九份莊，芳菲競豔溢芬香。芒花迓客招搖舞，雅蕊如霜佈滿岡。
金礦掏空成古跡，茶樓重建再開張。高低雉堞風雷夾，大小雞籠景色蒼。
嶺峻崢嶸藏地寶，澳深番臉鬥汪洋。金區路曲通天塹，鼻角燈光耀海疆。
碧浪銀花栽岸壁，波濤韻律伴舟航。白雲痴戀山腰秀，旭日初升海面光。
寺廟沿途香火盛，金銀藏海世傳揚。君遊九份心舒爽，品食芋圓體健康。
瑞鎮全民迎覽客，觀光廣建裕邦鄉。

註一：番仔澳岩石似番頭臉，面鬪汪洋。

註二：從雞籠山頂看，日由海天鑽出，彩霞環繞基嶼勝景美妙極了，勝於阿里山看日出。

二、金瓜石風光

九份停車於格頂，瓜山道向下方行。金坑寶石沉溝底，路坎晨花露占霜。
九曲路彎行險趣，茶壺山雅陟舒良。橋名雙板聽奇巧，溪峽急流氣激昂。
勸濟堂前觀聖像，金瓜石嶺探金牀。戰爭俘犯思歸國，碑誌埋屍處下方。
銅水浮銀衝入海，金都峻嶺似圍牆。陰陽海水分雙色，文化樓書藏萬章。
風穴風經坑道內，遊人遊至礦中央。金坑若有皓光顯，福氣將臨得寶藏。
五萬頓金沙滿壘，十三層製煉繁忙。黃金博物今成館，地寶精英集入倉。
台電蒞臨水湳洞，瑞芳欣接大超商。昭和太子之賓館，廣造觀光已麗裝。

山居詞歌

瀛社冬至例會於萬芳醫院詩書展〈我詠詞歌〉〈社展詩書〉（民國九十五年一月）

百卷詩書展，推行責不忘。耕經須背誦，運筆跡光芒。
字畫珠璣絢，圖紋翰墨香。鷗朋弘國粹，瀛社獻騷章。
未達恩師願，勤修學子茫。晨鷄啼起舞，素志命堅強。
甲午妖魔入，馬關愧恨長。文攻攜武嚇，霸性太無常。
黨派頻憂亂，忠貞道義藏。興邦同晉力，雪恥護台疆。
備戰研科技，防災積食糧。軍民呈熱血，老幼獲禎祥。
漢土輝重現，華人策共商。廉官撐大局，佞宦飽私囊。

日月清暉耀，乾坤正氣揚。山河多翠色，草木迓朝陽。
海繞蓬萊島，金生九份莊。英賢新俊秀，愛顧咱家鄉。
盛會知珍惜，隆情著健康。雅歌迎貴客，唐韻振天堂。
北市亨詞賦，參觀至萬芳。

註：二一〇字不重複。

雙溪之美（民國九十四年）

宇宙乾坤日月攀，群生造化始斒斕。上天氣聚奇霞映，兩水爭流瀲灩潺。
虎霸青潭毗曲徑，澗悠石筍接仙寰。家鄉四顧心舒爽，鶴嶺盈然境自憪。
瀑布晶瑩如雪帶，懸崖藤繞似絲綸。崗巒赤兔群遊戲，岫峽灰貓獨野蠻。
坑號牡丹藏黑寶，寮稱破子說紅顏。燃煤採盡留岩硐，快道開通入市闤。
半壁黃金連舊礦，駝峯綠竹伴新管。樹梅坪角看雷達，得遠亭邊賞白鷴。
泰和樓雕存典史，無緣墓誌述情關。丁蘭谷內涼消暑，嗎哪莊中住慮刪。
聖寺鐘鳴醒噩夢，虹橋印影掛空間。苑花不語馨香送，林鳥歸巢向晚還。
健體延齡增智略，興邦處世沒愚頑。純真手拍身嬌舞，愜意腰粧玉佩環。
三港村幽眸幻景，外柑腳學設分班。雙溪校譽名聲響，詩社元音禮樂嫻。
雅會聯歡誠待客，騷章著選獎榮頒。農研品種民耕產，士為觀光力克艱。
人傑地靈精六藝，文風鼎盛佈台灣。貂山歷有英才出，故梓神龍躍海潛。

『雙溪』！政村祖居地，回朔離五十七歲月，荏苒光陰眨眼而過，惟每年數次返雙溪，面親雲山秀水之靈氣，至今我猶自稱雙溪人。

註：三〇八字，字不重複使用，不引經據典，全部以實際景觀、地名、產物而筆

山居待老還天地（千禧年雙十節）

榮華富貴世人求，憂樂人間暫寄留。欲步青雲須智足，深探學海勵精修。
勤工不懼勞心力，辯論艱難費舌喉。澹泊郊居觀日落，無言獨處作詩囚。
民遵國法教兒守，仕為權爭脫黨投。名利古今多暗鬥，是非閃避減新仇。
賢人受辱頻歸隱，巧宦歪貪未感羞。世路崎嶇需慎步，身軀疾病忍哀咻。
飲嫖不染名聲貴，毒賭成痴萬事休。血汗流多身體損，錢銀用盡氣心浮。
困求借款親朋躲，遇到窮途戚友遛。反省方能知進退，追源檢討錯因由。
興家有術妻兒樂，失志無銀父母憂。久債遲還遭綁架，傷心被打作拳球。
榮枯變化心憂鬱，起落升沉力再籌。致富須知能善守，辛勤必定有回收。
養兒待老愚期望，買米無錢餓伴愁。少克艱辛謀口食，老難勞力掛肩頭。
綱常維德仁風沐，禮易詩書慧眼眸。遠見夕陽無限好，焉知人歲去如流。
山居待老還天地，賤貴人生似旅遊。

林瑞龍詩選

林瑞龍（1941—），彰化人。台大法律系畢業，留學日美兩國，專攻國際法。外交特考及格，曾任外交部專員，經濟部科長，亞東關係協會副秘書長，輔仁大學及中央警官學校兼任講師。曾派駐日本代表處經濟組副組長，韓國代表處經濟組組長，美國亞特蘭大商務組組長。二〇〇六年元月經濟參事退休。

乙酉臺大法律系同窗會有感

昔時囊映在黌宮，六法藏修四載同。今日攜孫談往事，悠悠歲月幾流東。

浮生記趣

四時攜眷踏青山，情寄煙霞俗慮刪。品茗吟詩磨鐵硯，乘桴學海自悠閒。

蛻變

精心百鍊出吳鉤，面壁達摩經九秋。幾世深潛機熟日，沖天一躍化龍遊。

竹園郊居

竹園幽靜傍文山，青綠郊居俗慮刪。背倚仙蹤巖似抱，面朝景美水如環。
世新廣電聞遐邇，政大黌宮遠闠闤。情寄煙霞歌詠志，逍遙雲鶴歲悠閒。

針灸

奇經八脈任縱橫，歷歷如圖指掌明。信手拈來猶落子，春風談笑可回生。

其二

實習醫生偶代行，聞風念佛護心旌。但憂穴位毫釐失，暗皺眉頭敢出聲。

真假詩人

詩人真或假，火候可徵詮。莫為成名速，而求鍍色妍。
精金須百鍊，寶鑽待千研。琢玉心瑩透，深耕活水田。

內子歸寧

內子歸寧日，幽人落拓時。三餐無定食，一品有餘滋。
雅興賒風月，豪情託酒詩。暫飄天地外，不辨欲何之。

林泉逸趣

迎曦仙跡上，步夕景溪邊。松鼠嘲人戲，沙鷗伴月眠。
臨風吟古調，遇雨聽流泉。幾似林棲者，朝朝臥翠煙。

自註：寄寓背倚仙跡巖，面朝景美溪。

雪山隧道通車

雪隧深長嘆鬼工，五丁卓絕建奇功。諸多英骨埋山底，始得東西縮地通。

懷竹師鄭教婉同學賢伉儷　並序

壬午之秋予由韓國漢城轉駐亞特蘭大，因緣俱足，竹師畢業四十二年後，首度與丁班鄭教婉等女同學晤面。憶昔在校男女來往屬於令禁，三載同窗竟未交談一語。是日敞開話匣，暢談往事，誼同兄妹，感慨係之。五月間教婉夫婦返台，曾得小聚，感念舊誼，爰作此詩，聊抒所懷。

驪歌唱後卅餘秋，似夢相逢北美洲。囊映三年猶陌路，晤談一夕變朋儔。

名醫為婿仁心洽，巧婦持家德行優。駐地慇懃情誼切，神馳萬里憶同遊。

乙酉竹師四十九級同學會

相逢似夢渺悠悠，憶唱驪歌卅五秋。早晚風霜曾點到，女男螢雪未情投。

陳師載酒懷清趣，李館遺徽緬偉猷。北圃山櫻如有意，臨風款款勸重遊。

南越旅遊雜詠

2006年10月偕內人參加臺大法律系同學會，遊南越四天，得詩六首，錄其三。

百年紅教堂

教堂矗立市中央，法國當年意氣揚。重鎮奠邊兵敗後，紅磚依舊映斜陽。

自註：一九五四年奠邊府戰役爲法越間最後一戰，法軍戰敗投降，簽訂日內瓦協定，結束在越南之統治。

古芝地道

叢林地道覺陰寒，交織渾如蜘網般。陷阱偽裝刀劍伏，機關誤觸首身殘。
美軍殲處冤魂聚，越共匿來磐石安。不義之師終不克，空流碧血使人嘆。

胡志明獄中日記讀後

間諜嫌疑犯，嘉賓作楚囚。吟詩消永日，矢志策良謀。
欲濟黔黎困，兼紓社稷憂。越南終獨立，青史令名留。

自註：一九四二年八月十三日胡氏赴中國擬與越南抗日革命力量聯繫，於廣西省靖西縣被捕，迄一九四三年九月十日柳州獲釋，十三個月間輾轉十八處監獄，受盡折磨，寫下一百多首漢詩以明志，後以〈獄中日記〉發表。一九四五年胡氏領導八月革命，建立越南民主共和國，被尊稱爲國父。

退休感賦

宿願為學者，浮宦心難安。兩度赴遊學，無緣躋杏壇。
投鞭從仕途，一誤三十載。風波實飽經，中夜幾追悔。
倦鳥久思返，斂翮終歸來。學圃雖已蕪，青苗猶可栽。
林泉滌靈明，經籍啟智慧。臨帖磨鈍心，賦詩以自勵。
俯仰天地闊，情寄煙霞間。朝朝友鷗鷺，雲水俱悠閒。

周福南詩選

周福南（1941—），號宜庵。臺北古亭庄人。國立政治大學國際貿易學系畢業。經營紡織成品及整廠設備輸出入國際貿易多年，足跡遍及歐、美、亞、非各地。喜好文學、藝術、旅遊等。曾兼任專科學校講師，工作之餘，耕讀自娛，爲「國際扶輪社」資深社員。

風箏

隄岸斜陽放紙翎，龍飛鳳舞近天庭。翱翔婀娜飄柔縷，滌盡塵煩豁性靈。

秋夜

秋波瀲灧一輪明，露冷風高百感生。萬里鄉關頻入夢，燈前陡憶故人情。

石碇之春

石碇緋櫻吐艷紅，冬芒搖曳日斜中。遙峰綺麗寒村暖，丙戌將看迓景風。

美山聖地

美山聖地祀婆神，屹屹浮屠萬古新。蓑草荒煙留鬼斧，樓台細雨對何人。

五行山謁觀音

婉延拾級觀音拜，望海台前見五行。白虎青龍酬社稷，玄空靈水滌心清。

總裁悲歌（悼白文正）

白手錙銖駿業揚，文風建教振綱常。正言難敵奸雄謗，直抱孤芳赴巨洋。

送文祺赴成功嶺

高鐵月台送我兒，戎中赳赳見雄姿。干戈報國山河動，待見榮歸奏凱時。

古芝抗敵頌

古芝懷勇士，地道抗來酋。深壘逃轟炸，堅城禦寇讎。
刀鋋頑敵破，陷阱偉功收。血淚凝青史，笙歌詠萬秋。

古芝地道系統含濱葯及濱亭等地道，距胡志明市西北約七十公里，深入地下多層，通道縱橫交錯如蜘蛛網，長二百公里，有膳宿和戰鬥處所，爲越南民族革命勝利的象徵，有「鋼地銅城」之美稱。

詠北越下龍灣

龍灣千島潯，石筍立如林。鐘乳神工琢，星棋歲序深。
紅蕃頭戰浪，鬥雞嶼交心。此日笳聲遠，同迎富庶臨。

註：紅蕃島形如紅蕃頭，鬥雞嶼爲兩小島形如鬥雞狀，親暱對峙海中。下龍灣有一千五百多個島嶼，星棋羅布，鐘乳洞鬼斧神工，已列入聯合國文教組織保護中。

緬懷順化紫禁城

高人指點明，順化帝王京。杳邈家龍祖，巍峨紫禁城。
香江辭廟急，末帝任邦傾。殘闕斜陽裡，悽悽動客情。

阮氏王朝相傳天姥高人指明順化將出皇帝，阮氏王朝開基祖家龍王於一八〇二年建立帝國，至一九四五年止共一百卌年十三帝。啓定皇帝爲末帝保大之父，廢帝制後流亡法國，十多年前逝世。先皇殿僅供十帝，越戰時後殿燬於美軍戰火，僅餘午門及金鑾殿供憑弔，香江橫貫順化以利舟楫。

馬場町紀念公園

潺湲溪水日東流，町外斜輝孤塚留。昔日哀罹苛政獄，今朝來弔義魂丘。
清風明月祥和樂，綠地藍天惡鬥憂。往哲辛勤開篳路，願祈家國百千秋。

高雄北區與台北西門扶輪社丁亥迴瀾會

兩社聯歡蓬島親，迴瀾相見誼長新。原民溼地饒生態，勝地夷歌盡率真。
夜放天燈祈國運，朝航水堡賞魚鱗。上人開示禪心得，持志扶輪福自臻。

西門扶輪社礁溪之旅

苔岑勝日北關行，龜嶼扁舟逐浪鯨。山繞溪流飛瀑布，石磐壑樹溢芬精。
温泉滌浴身心泰，美饌張羅主客誠。烏港斜輝漁火宴，扶輪士女滿真情。

賀文祺吾兒榮獲化學博士

寒窗苦讀淡江巔，夙夜辛勤有十年。學海深潛精論述，化工獨擅有薪傳。
師恩絳帳霑高足，博士頭銜繼往賢。積德興家應記取，武功世澤賴緜延。

日春會賞櫻行

日春良友賞櫻行，渡月橋邊綠意迎。掌屋千年長屹屹，名湯一沐自盈盈。
立山飛雪繽紛凜，黑部堅堤次第成。北國風光經飽覽，歸來不覺滿詩情。

許哲雄詩選

許哲雄（1942—），生於民國三十一年一月，嘉義人，弱冠負笈北上，卒業於臺大法律系，旋習陶朱，嫻熟船務，任職貨櫃公司總經理。業餘雅好吟詠，偶侍先　泰岳淡如公唱酬，現爲本會理事。

訪姜秀鑾古厝有感

榛狉開樂土，阡陌冠閩東。治化三台盛，姜家第一功。

湊山公園

湊山園地舊城坳，幕府遺徽早已拋。只見寒櫻紛著蕾，因何不放卻含苞。

明和公園

櫻株欲放待芳時，點點含苞綴老枝。空望春風連夜至，終無破綻恨花遲。

嵐山天龍寺

西國伽藍譽邇遐，櫻霑法雨勝桃花。不疑丹壑春先至，乍見繽紛樂井蛙。

北浦石壠古道賞桐花

五月飛花若雪天，吹銀散玉落香肩。繽紛深處芬芳地，更似蓬萊定有仙。

峨嵋湖步道小佇

不辭飛轂逐春風，滿袖香塵惜落桐。一曲芙蓉繞湖翠，聊裁佳景入詩筒。

参謁大阪平等院

千載禪房不二家，松間鐘鼓渡群邪。藤原築此追金谷，卻剩鳳凰堂外花。

鳳凰堂

鳳凰堂院柏森森，梵宇連幢客屐侵。既在紅塵無淨土，禪僧佛道此難尋。

金廣福公館故厝

荒域開疆豈等閒，粵閩移墾史難刪。千秋永誌姜公績，不朽簷楹認古斑。

關原古戰場

兩雄爭霸命如菅，枯骨成灰史已斑。亂世忠魂碑尚在，撫今傷往淚潸潸。

濱名湖

富士山隈散五湖，灣多海市問漁夫。風清水碧知何處，共說濱名第一珠。

沼津御用邸

松下軒庭一苑春，東宮駐蹕養龍身。時傳美事騰珂里，今已龍鍾少上賓。

螢之橋

長虹迤邐接雲端，半臥蒼穹半挽瀾。跨海凌空天為柱，三更螢火作欄杆。

再遊二見浦夫婦岩

頑石夫妻一線牽。癡心未改誓如前。唱隨依舊人難比。他日兒孫續此緣。

錦帶橋

玉帶橫空跨錦川。慕名題柱客摩肩。拖霓長臥凌雲勢。疑是蘇堤掛九天。

初遊北越河內卅六古街

殘破王都盛古風。天街卅六舊時同。頻年兵燹山河碎。魚米之鄉九室窮。

遊北越下龍灣

海嶠如林錦繡開。朦朧遠眺似蓬萊。輕舟九嶼尋仙去。奢望凡夫入紫臺。

下龍灣天公洞尋奇

拔地千尋碧落開。琳瑯洞府媲瑤臺。畢生窮問尋仙路。不識方從閬苑回。

下龍灣返航途中偶得

人云海上有仙山。縹緲浮沉在此間。不惜傾囊尋羽客。到頭依舊倦知還。

過廣西鎮南關

大漢南疆第一關。門前半步便難還。古今分合尋常事。多少生靈命若菅。

崇左斜塔記盛

五層風鐸砥中流。勸化波臣莫覆舟。未覺龍鍾顏已老。依然護楫更何尤。

明氏田園記遊

兩三茅舍半江灣。雞犬牛羊屋角閑。斷續如聞天外語。不知歸楫是塵寰。

過十里畫廊

千山萬壑九迴腸。十里桃源入畫廊。疑似蓬萊天外景。流連仙路忘歸鄉。

鳥取砂丘

漫漫風塵塞外天。無垠荒漠似胡邊。莫愁污袖砂侵履。得賞奇觀只有仙。

武家敷屋

武家藩宅舊時容。叱吒松江二百冬。多少興亡留蝶夢。如今砲火勝刀鋒。

總統大選有感

元戎大選顧蒼生。朝野應師君子爭。放眼千秋非一旦。何堪鷸蚌事重行。

大吳哥城一瞥

斷碑殘柱漫荒煙。絕世浮雕歲百千。勝跡蒙塵悲遠客。長吁復古更何年。

哀三峽大壩

儂本長江女，悲君欲斷流。意惟縈碧水，事恐覆金甌。築堰時皆愛，屠龍古所仇。天苛人更絕，永使妾心憂。

賀漢通公司戴美英小姐榮升

薛濤才可比。續史仰君先。冠晉金章授。鳳銜丹詔宣。
青雲扶步上。白鹿迓車前。從此山林遠。門深記舊緣。

吾兒仁傑喜獲愛女

中郎欣有繼。掌上耀明珠。設帨龍為種。傳芳鳳引雛。
鯉庭休忘訓。燕翼不辭劬。天賜顏如玉。還期膝下娛。

石馬鎮尋根

先祖唐山客，原由石馬來。嗟今無故識，覽古只新苔。
田尾街名在，王爺廟口徊。尋根願已遂，兄弟喜相陪。

敬和朱自力校長〈臺灣瀛社詩學會成立賀詩〉

舊社賦新名，高軒不忘情。惠言輝雅會，賜句壯騷盟。
余忝車前卒，君應座上英。無才空唱和，徒使鬼神驚。

賀何副總經理六秩五耆壽前夕榮獲倚畀

祝嘏休因雪鬢欺。驥能千里更奚疑。半生交臂原赤子。一旦回頭將白眉。
瘦骨欣朋伯樂馬。蕪文愧比浩然詩。自成不老長庚相。椿壽鶴齡尤可期。

又清明

淒風慘雨又清明，草木悲心弗忘情。蜀魄空啼春寂寂，秦簫每使淚盈盈。
神傷坵上三弓地，魂返人間一夢程。不信九原歸路遠，疑因化鶴赴蓬瀛。

駙馬涉弊有感

黑幕遮天舉世驚，貪贓駙馬諷冰清。滿朝瓜葛民心唖，遍地苞苴鬼膽生。
朱戶乘龍宜斂跡，烏臺伏虎莫吞聲。因差一念羞千古，周獄商牢恐毀名。

賀朱自力教授榮膺致理技術學院校長與有榮焉

負笈高盧究典墳。胸羅萬卷勝三軍。西河有道文名遠。東壁為鄰學海勤。
卅載春風言切切。幾番夏楚教芸芸。若開黌宇誰膺命。桃李盈門薦我君。

卒業四十年感言

分袂俄經四十冬。久疏寅誼素來慵。問年何吝毫端索。促膝空期座上逢。
喜為聚時同對月。愁因歸路自扶筇。長吁不老人間少。再見誰還識舊容。

登廈門鼓浪嶼

彈丸浮嶼憶孤忠，國姓屯師壘已空。鼓浪龍形懷赤壁，晃巖山寨蟄青蝨。
無車鬧市如今罕，九夏生寒自古同。濁世方壺真有跡，丹邱應在鷺江東。

九二一驚震適於秋節將屆感懷尤深爰賦

齊天鴻福辟雙颱，地動山搖半夜來。轉眼樓傾如折筍，凝神路斷若吹灰。
蟾宮兔魄無心賞，蓬島驚魂百感催。鼎鼎補牢雖未晚，愁雲不散鬱難開。

己卯秋節

一輪依舊十分瑩，獨覺中宵別樣情。昔歲潦災愁未釋，今年震劫苦難衡。
人間怯詠登樓句，月窟空傳搗藥聲。遍地哀鴻天豈忍，九霄何處望昇平。

班夫國家公園一瞥

雲嶽嵯峨創世時，蠻荒未闢見熊麋。冰封樵徑人烟罕，日透林梢草色滋。
世外桃源猶遜此，畫中仙境不如斯。偷閒貪看千山雪，不覺秋寒已凍肌。

哥倫比亞冰原

大地如晶海角連，皚皚不化莫知年。銀堆百尺瓊瑤境，絮落重山水墨天。
薄屣驚寒愁踏雪，微光舒凍急呵拳。冰封歲月難為客，歸去嗟無訪戴船。

敬呈朱自力賢伉儷貓空茶敘偶作

迎寒敘舊老頑童。呵凍言錢氣不雄。斗米折腰非所願。一簞餬口乃初衷。
聞君得意千金棄。費我忘情寸舌攻。寧作逍遙珠履客。莫因囊匱困壺中。

洪嘉惠詩選

洪嘉惠（1942—）嘉義民雄人。淡江中文系畢、師大研究所結業，高中教師退休。歷任《商工日報副刊》主編、民雄文教基金會董事、民雄詩社創社社長、嘉義縣詩學研究會理事、嘉義市詩學研究會常務理事，中華民國傳統詩學會監事。著有《青少年啓發作文》、《民雄鄉賢小傳》、《民雄詩香》、《民雄雅風》、《民雄八景》等書。

懷慈母

儉樸勤劬闡德光，仁心厚道教兒良。春暉永照慈恩重，懿範長懷念北堂。

民雄詩吟

正氣高歌響九霄，千家詩浪戲江潮。鄉親唱和神仙樂，磅礴天聲壯打貓。

團圓月

秋光萬里入疏簾，閤府團圓賞桂蟾。得悟盈虧原有數，何愁偃蹇歲時淹。

嚐鵝到民雄

嚐鵝痛快到民雄，翅嫩肝肥肉細豐。一路聞香饕客至，朵頤美食笑春風。

樹葬

一生庸碌已磋跎，何苦殘骸再占窩。樹葬滋根猶茂葉，也留餘值綠山河。

政治舞台

政治誠如戲，台前冷靜思。忠奸何撲朔，黑白若迷離。
黨派輪番日，賢能迭起時。江山才輩出，海晏必堪期。

民雄八景（排律）

民雄八景創先猷，四序風和處處幽。藝苑扶疏爭錦繡，瑤池瀲灩認清流。
莊嚴禪寺鐘聲繞，綺麗湖光畫意柔。陣陣醪香新酒館，幢幢魅影古樓頭。
電台心戰千波湧，大士神庥萬眾謳。逸品珍饈添雅趣，觀光勝攬樂悠遊。

敬老用真心

殷勤敬老視親翁，朝野推誠表寸衷。俠義扶危含愛意，真心務本展仁風。
半生勞碌堪安享，晚歲孤貧任養終。活得尊嚴重九樂，明倫勵俗國昌隆。

民雄文教基金會十周年慶

卓爾基金會慶隆，民雄文教佈春風。明宗肇造心何壯，政友驅馳興不窮。
鑑賞人潮波浪湧，薰陶藝氣斗牛沖。邀君優雅神仙樂，十載耕耘種福豐。

林麗珠詩選

林麗珠（1942）字縈瑞。台北市人，師事周植夫先生，習書于廖萃庵先生，平日喜蒔花草、羽球、游泳、旅遊等。

曉步大安公園

大安園緩走，侵曉鳥鳴幽。旭日搖芳樹，清風遍體流。

寒夜苦雨

凋景流如水，淒風利似刀。驟然傾密雨，一夜策棚嘈。

秋訪北海道

北道風光闖再三，金風吹爽駕鵬探。淡黃淺綠火紅樹，漫染湖山秋色酣。

歸去來

身在樊籠久未歌，且拋升斗細研磨。卻驚舊籍塵埃厚，開卷哦吟興味多。

癸未尾牙宴

歲末般商宴尾牙，員工摸彩競奢華。懸殊貧富誰憐見，失業多含失學家。

歲暮苦寒

卻怪今冬徹骨寒，勁風刺刺百林殘。晚來凍雨無端下，擁襖習詩心自寬。

江西廬山含鄱口登頂

陡峭雲階步步驚，御風登頂好松迎。九奇五老青鞋下，極目層巒遺世情。

武夷山探九曲溪

一葉扁舟入畫中，煙波瀠繞韻琤琮。玉屏橫翠籠溪水，疑似仙源天界通。

甲申台北燈會

薄暮中堂上，人車逐月遊。目迷三五夜，燈化百千猴。夾道銀花燦，長街市集稠。深宵出東闕，方覺朔風遒。

乙酉台北跨年夜

今宵市府前，暗月凍霜天。萬眾堅心守，千盞騰火妍。
勁歌融朔氣，熱舞化寒煙。倒數辭殘歲，歡迎新曆年。

冬晴雜興

大園開暖陽，曝日賞晨光。松鼠低枝竄，啼鳥深樹藏。
繁花滋露艷，疏柳順風揚。白鵝眠池畔，悠然野趣長。

敬賀萃庵夫子八十榮壽

硯海浸淫六十年，扶桑書競每居先。兩邦敦誼憑才筆，八法傳薪有正編。
博覽羣碑明出處，深研古籍釋疑偏。盈顛白髮勤如昔，一紙新詞墨色妍。

新荷

方覺荷錢猶貼水，薰風初度已離披。短莖輕顫擎新綠，翠蓋徐舒展嫩姿。
微雨濛濛飛薄霧，千絲裊裊舞秋池。曉開一朵煙波上，疑是江妃步步遲。

晚秋閑居

城外閑居少送迎，栽花蒔草足怡情。鳥鳴曙色晨星沒，人語霞光夕照明。
滿櫃詩書欣度日，一軒風月忘浮名。披衣靜坐晚秋夜，習習清涼禪意生。

甲申颱風

今歲颱風接踵來，挾攜豪雨釀成災。怒雷決岸山河潰，駭電穿林鳥獸哀。
土石橫流橋路斷，樓房倒塌市鄉摧。頻頻浩劫身心碎，黎首問天天不回。

退休述懷

案牘生涯長，勞心竭力，少建樹，愧俸錢，廿七年於今退隱。
詩書天地闊，養性怡情，詠詞章，研經史，餘歲月即起潛修。

楊志堅詩選

楊志堅（1942—）字順全。蒔、詩、書、繪幼承庭訓，引爲頤神養性雅趣。牧師，曾任中華民國基督教會協會執行長。現任基金會國際董事。

烈日

悵然眠不得，烈日輒相煎。為聽流水韻，獨步小溪邊。

寫詩記事

無事偏裝有事忙，撚鬚晃腦作文章。平生獨愛山和水，山勢雍容水勢長。

題江山二叟對語圖

雲裡峰巒遮夕陽，江邊鎮日坐相望。何人得似山中叟，對語蒼榆五月涼。

寓人生知己爲一大樂事也，自寫並題以自勉。

秋遊

重九方經暑漸祛，圓山黃葉落疏疏。何當一管維摩筆，來繪三秋處士廬。

題高士獨坐圖

自寫並題以自勉之。

破壁喧囂瀉玉泉，飛流直下帶寒煙。遙瞻素練穿幽壑，坐到忘機夕照邊。

避暑

火熾晴空感萬端，避炎無計坐難安。幽林信步心殊逸，峻嶺驅車眼亦寬。
錯落珠璣詩未就，繽紛藻繪墨初乾。何妨借得芭蕉扇，好使賢兄帶笑看。

麻雀

縱非富貴亦非貧，巧借茅簷寄此身。常學黃鶯穿柳浪，亦摹白鶴立雞群。
爭飛忘返天將暝，覓食無分雨與晴。雖屬微禽饒點性，生存有道少飢情。

歲末詩友同訪靈鷲山對聯

仰觀海闊天長聖恩何極；
重感草枯花謝真道永恆。

翁正雄詩選

翁正雄（1943—）輔大首屆中文系所畢業，六十七年辭副教授職。七四年任傳統詩學會監事。七六年獲行政院頒優秀詩人獎。八六年於台北詩書畫個展。新莊國際青商會資深聯誼會一、二屆主席、新莊書畫會會長。現任本會常務理事、松社總幹事、問學齋藝術中心主任教授。

長安懷古

楚漢相爭事可哀，咸陽宮殿已成灰。紅塵一騎傳妃子，長恨歌吟弔馬嵬。

其二

古都雄偉近咸陽，面水依山龍脈藏。昔自八街通九陌，上追兩漢溯三唐。
佳人可愛須當訪，陳跡空留豈未央。一瓦一磚成歷史，東門憑望感滄桑。

長安多佳麗，又漢書高帝紀：「蕭何治未央宮，上見其壯麗，甚怒，何曰：天子以四海爲家，非壯麗無以重威，且無令後世有以加也。未央宮周迴二十八里。宮早無存，遺瓦後人取之作硯，云注水經久不涸。」

參觀秦始皇陵及兵馬俑博物館

臨潼縣境綠陽村，踏訪秦陵欲斷魂。博物館中威武現，千秋功過費評論。

西安碑林

聖教序存王右軍，開成石刻壯超群。細觀景教碑難懂，正面全書敘利文。

開成石經刻易、書、詩、禮、春秋、孝經、論語、爾雅、十三經共二百二十七石，字體爲真書，每經標題爲隸書。

其二

走馬長安莫錯過，歷朝碑刻此蒐羅。楷行草隸千餘種，觀止徒嘆奈老何。

其三

文廟看碑林，珍奇細找尋。孝經存孝道，聖教感人深。

唐玄宗親書孝經，碑長一丈七寸，字體爲遒麗八分書，碑下爲三層石礎，故稱「石台孝經」。

烏魯木齊

天山北麓市容雄，歐亞商人匯萃中。烏魯木齊爭鬥意，準回二部昔相攻。

其二

宜牧宜耕水草豐，邊陲重鎮扼西東。玉門關外沙中堡，還記曉嵐戍守功。

註：烏魯木齊，回語爲爭鬥之意，台語則爲亂七八糟之意。紀昀戍邊歸返，言及邊疆民族奇風異俗，咸表訝異，故以「烏魯木齊」回應之。詳閱微草堂筆記。

其三

關中來客不思家，放養牛羊種密瓜。貿易往來回漢洽，新興城市夠紅花。

商民流離，往往不歸；詢之則曰：此地紅花，紅花者，土語繁華也。官府雖行文屢催還家，但一切無濟於事。因新疆風景壯麗，迪化富饒，生活容易，當地民俗一夫可娶四妻，這一切對他們太有吸引力了！

牧羊口占

回疆青草地，騎馬牧羊人。日落渾無事，相逢笑語親。

天池泛舟

載酒行歌船上坐，凌波待月鏡中遊。瑤池金母蟠桃宴，不醉天山誓不休。

坎兒井

千里明渠通暗渠，綠洲引水樂安居。農田灌溉稱方便，成就葡萄萬畝餘。

大雁塔

曲江賜宴傳佳話，雁塔題名得意時。千古長安多秀士，慈恩寺謁我其誰。

曲江，池名，水流曲折有如之江，池畔有慈恩寺，樂遊原諸勝，秀士登科賜宴於此，今已湮爲陸。大雁塔建于唐高宗李治永徽三年爲了放置玄奘由印度帶回的佛經而修建。塔高六十四米，有木梯可登頂，鳥瞰古城，長安盡收眼底。

天山大草原

哈薩姑娘笑語溫，氈房款客酒盈樽，載歌載舞草原上，俗輩醺醺莫品論。

莫高窟

敦煌莫高窟，營建一千年。經歷十朝代，色彩雕塑妍。
七三五洞窟，兩千尊神仙。數萬米壁畫，五萬件絕篇。
宗教包羅盡，生活場景鮮。博大詩堪贊，精妙筆難宣。
多元性涵蓋，世界性牽連。美哉千佛洞，來訪獨愴然。

莫高窟位于敦煌市東南二十五公里的宕泉河畔，始建于公元三六六年，經歷十六國（北涼）、北魏、西魏、北周、隋、唐、五代、宋、西夏、元等十個朝代不停的營建。洞窟、佛像、壁畫、數目字只是至今仍保存者有許多已被竊走（英、日、法），宗教涉及佛教、道教、摩尼教、景教等宗教信仰，生活展示中外中古時期廣闊的經濟、文化、科技等社會生活場景。文化既有中原文化、也有鮮卑、吐蕃、回鶻、羌、蒙古、吐谷渾等各民族的文化，更涉及中亞粟特、南亞印度，西亞波斯文化，也遠涉希臘羅馬文化，歐亞文化一千年間交匯結晶盡在於斯。一九八七年始被列入世界遺產名錄。

火燄山

火焰山綿百里長，無生寸草禿光光。中多溝谷清流繞，盛產葡萄美酒香。

火焰山東西長 98 公里，南北寬 9 公里，山上寸草不生，山溝卻有許多綠洲，風光旖旎，瓜果美人，醇酒飄香。

鳴沙山月牙泉

沙嶺晴鳴鼓角聲，月泉曉澈月彎明。啟功師祖題耑在，攬勝登臨倍有情。

據云，古代有位將軍率兵出征，幾萬人馬在此宿營，一陣狂風卷來全軍被黃沙埋沒，從此山內時聞鼓角聲音，鳴沙山也因此得名。

登嘉峪關口占

縱橫萬里長城壯，屹立千年嘉峪雄。秦漢大明威赫遠，不教胡馬犯關東。

萬里長城

天降神龍出海東，蜿蜒游走亂峰中。雲垂大野鷹盤勢，地展平原駿逐風。
紫塞多方飛雪白，黃河三越落霞紅。長城萬里詩千首，嘉裕關登第一雄。

長城有山海關、八達嶺、古北口、居庸關、雁門關……等多處關隘，並三度穿越黃河。又嘉裕關爲天下第一雄關。

八月十六夜賞月

中秋節後契知音，坐賞江樓酒共斟。兎魄漫從今夜減，詩情更比昨宵深。
一輪皎潔天邊望，千古風流月下尋。二八嫦娥姿特美，婆娑起舞對高吟。

仲夏望祈連山口占

火洲飛鳥絕，大漠人蹤滅。西遊有老翁，遙望祈連雪。

張掖謁大佛寺

三千世界臥游中，迦葉如來大不同。若寐若醒修善果，方知此夢是真空。

大佛寺始稱迦葉如來寺，又稱臥佛寺，該寺始建于西夏崇宗永安元年（1098年）是中國唯一的西夏宗教寺院，也是世界最大的室內臥佛，長三四、五米。

山門聯：睡佛長睡睡千年長睡不醒，問者永問問百世永問難明。

前門聯：不滅不生法雨慈雲天外現，無塵無垢十洲三島夢中游。

蘭州

烽火城西百尺樓，金湯扼要說蘭州。位居中國中心點，西北糧倉萬古流。

蘭州是唯一黃河貫穿全城的都市，故云萬古流。州城北有黃河屏障，東爲玉壘關，西有金城關，中爲風林關。西南城外山上，築有四座烽火臺，狼煙一舉，遐邇呼應，所以蘭州城昔有「金城湯池」之稱。另東西南三面皆築有外城，一併補註。

詩書遺興在天涯（乙酉農曆十月十四日）

風光三亞眾爭誇，載酒行吟夕照斜。四野椰林千萬樹，一灣旅店幾多家。
月明有客懷蘇軾，世濁無人訪子牙。海角小陽多感慨，詩書遺興在天涯。

瓊臺書畫聯展（二〇〇五年十一月十三日於海口市）

南國興文聯展開，主賓愉悅醉瓊杯。詩書兩地交流美，浪靜波平喜再來。

博鰲泛舟（中共「亞洲世界論壇」於博鰲召開領袖高峰會）

世界論壇誇亞洲，博鰲港闊任遨遊。水情複雜三江匯，激浪沖波入海流。

魅力三亞

度假天堂何處尋，郊原三亞畫椰林。天涯有客流連久，觀海持杯聽鼓琴。

鹿回頭

日暮驅車嶺上遊，海灣麗景入吟眸。感人傳說回頭鹿，神話詩情萬古留。

三亞鹿嶺上，有一段黎族青年獵手與梅花鹿兩者互動感人的愛情韻事。

瓊臺書畫展海口聯歡宴即賦

兩地民情厚，交流訪問宜。詩書同雅會，老少醉瓊卮。

海角存知己，天涯共此時。聯歡明月夜，高誼永維持。

二〇〇五年十一月十六日海口餞別聯歡晚宴適逢農曆十月十五日內子吟唱蘇軾水調歌頭後，大家合唱「何日君再來」。

大理古城行

秋遊大理國，都城建造久。
白漢回民洽，風味吃兼有。
青瓦白牆美，花園綠窗牖。
古蹟頻探訪，題詩自不朽。
南詔歌舞妙，風情眉眼手。
背倚蒼山固，面臨洱海守。
街道棋盤錯，人家多種柳。
小橋流水漱，石巷些微陡。
文獻樓小憩，三道茶當酒。

雲南麗江古城行

玉龍雪山下，麗江美難忘。
絲綢之路古，茶馬交易忙。
風和花爛漫，冬暖夏清涼。
木加框為困，困則無希望。
街道布局巧，八卦玄機藏。
商家多老店，客棧毗茶坊。
九秋逢改市，七彩雲飛揚。
納西古樂雅，東巴歌舞狂。
姑蘇差可比，水鄉更仙鄉。
相形如巨硯，重鎮鎖邊疆。
三股玉泉過，無數支流長。
宋朝初建置，土司木姓當。
番王有忌諱，築城不築牆。
青石板鋪面，臨溪巷垂楊。
閒情饒逸趣，白髮伴紅妝。
四方街佇看，民族秀登場。
琴聲追唐宋，遊興憶錢塘。

林正三詩選

林正三（1943—）字立夫，自署惜餘齋主人。籍北縣。師事竹潭　植夫夫子。從事閩南語聲韻及古典詩學之傳薪。九十年獲臺北市府表爲社教有功人員。現任本會理事長、乾坤詩刊古典詩主編。著有《詩學概要》、《閩南語聲韻學》、《惜餘齋詩選》、《台灣古典詩學》、《輯釋臺灣漢詩三百首》《千字文閩南語音讀》有聲書等。

厚庵　黃師新居

新齋一角隱闤塵，名士從來好避身。修得從容與澹泊，人間處處武陵春。

秋日訪心廣齋呈　夢龍詞長

十里秋風引興深，邀同騷侶賦登臨。高齋迥出煙塵外，山靜雲閑契我心。

題漢卿社兄《洛江春燈謎》集

一卷長欽制作新，名區奕代有騷人。廋辭莫笑雕蟲技，益智聯歡孰等倫。

其二

詩書四壁耀文光，翰墨源深紹漢唐。人到鹿津懷逸老，傳衣閱世有賢郎。

觀「妙趣凝香」花藝展 有序

歷史博物館長黃教授永川，不僅詩、書、畫兼擅，更精於美術史之研究。由於沉潛之藝術領域極廣，朝斯夕斯，而陶鑄成溫文爾雅之藝術家特質。更值一提者，業餘於花藝一道亦有深詣，而成傑出之花藝家，並曾長中華花藝協會。於歷年花朝之節，皆籌辦花藝特展於該館。本年策展主題爲「妙趣凝香」，強調國人天人合一之意趣，即目琳瑯，令人三顧徘徊而不忍去，因有所感，兼呈永川館長哂正。

年年翹首待花時，四望芳郊錦繡披。史博館中花萬本，妝成絕藝展奇姿。

其二

巧手靈心妙剪裁，造形氣韻各爭魁。滿前男女饒知趣，賞景人如湧水來。

其三

一番縱眼一番新，奇正相生妙入神。盡把心源師造化，藝家絕詣合天人。

其四

為花慶壽蔚成風，綵縷簪花歲歲同。深感多能黃館長，勞心策展著其功。

過春榮老北投山居

十里溫泉路，潛滋訪戴心。松江時結契，屯麓快登臨。
白也詩猶健，參乎志儻深。襟期誰不負，亹亹話灘音。

鷺江五鼠子歲書法聯展賦賀

藝圃深耕老益工，鷺江五子久稱雄。年逢鼠歲開聯展，盛譽欣看著海東。

過金門有懷（丁亥尋根之旅六章）

浯島初臨趁曉風，凝眸故壘感奚窮。歷來多少英髦士，盡付蟲沙小劫中。

初履廈門

金廈睽違五十秋，緣他一脈互仇讎。峽雲阻絕歸鄉路，垂老尋根倘得酬。

廈門赴大坪道中

颱後程途險阻生，山坍徑仄歎難行。寧堪百載思鄉夢，輾轉尖車向大坪。

自註：時閩省颱風甫過，赴大坪道路，大型車無法通行，於泉州換中巴前進。

謁宗祠

茶煙裊處矗崇祠，車舶兼程認祖基。牒譜釐然等符剖，淵源柏葉更奚疑。

懷李文貞公

甫到安溪念往賢，藏山聲韻有遺篇。闡微一卷千秋外，導引來人鼓絕絃。

安溪詩廊

鳳城十里飾詩廊，夾岸詩香雜茗香。市政伊誰新擘劃，藝文產業耿相彰。

註：安溪自古即爲茶鄉，縣城舊稱「鳳城」。城東大龍湖畔，沿岸護欄，襄以半米見方花崗石材，石面鐫刻自詩經以來名詩名詞，稱之爲「十里詩廊」。內含歷代有關茶詩茶詞七百餘首，乃產業結合藝文之創舉。

明道詠（六章選五）

參與明道大學唐宋詩詞國際學術研討會有賦

興學初心紹往賢，膠黌明道著鞭先。熱情實踐箴銘在，桃李芃芃盛滿前。

其二

學舍堂皇蔚似雲，儒林聲價重人文。坐風立雪饒多士，喬梓箕裘立偉勳。

其三

巍峨樓閣炫湖光，洙泗淵源百世長。不輟絃歌關治化，相期一變到虞唐。

其四

騷盟汲汲事研求，震世鴻文入網收。四地豪賢申巨論，定看詩教有新猷。

註：與會有來自大陸、香港、新加坡及本地之上庠都講。

其五

吟壇附驥愧軨材，函電叨承繼日來。投老猶堪逢雅會，殊緣應記在寒梅。

自註：研討會於該校寒梅樓舉開。

小琉球

莫訝琉球小，明珠海上懸。波平天接水，樹密鳥談玄。傍寺榕根古，疊山礁壘妍。漁舟浮點點，島庶自怡然。

按：小琉球有海上明珠之稱，全島爲珊瑚礁岩沖積而成。

韓堂宗老邀飲老爺酒店未克赴詩以致歉

詩騷重結舊因緣，折柬高樓客幾千？和靖鄉中人似玉，孔融座上酒如泉。軨材愧我勞勞甚，上壽欣君奕奕然。待屆期頤筵敞日，摳衣趨府頌彭籛。

贈醉佛詞兄

廿載交親輒論文，淋漓大筆最欽君。不向懋遷期駿業，偏於壇坫整犀軍。任才直擬奔江水，託志真同出岫雲。月夕風晨中泰路，驅車屢屢挹清芬。

戎庵顧問挽詞用伯元教授韻

每從詞苑挹清芬，鄰笛悽悽未忍聞。篆法未工勞誘掖，騷心共許自交欣。
憂危世道羈窮海，惆悵家山隔亂雲。華表他年歸鶴駕，炎埃朔雪日紛紛。

自註：庚午新正（七十九年）香江蘇文擢教授以「滄海翁」號先生，先生頗為見賞，特囑為篆小印。事成，承惠詩二首並完白山人篆書冊一，其二云：「糞翁白石吳昌石，篆刻聲名海內傳。同社詞人林處士，神工鐵筆勝前賢。」

千歲鶴——壽植夫夫子七秩

暖江江水最清泚，孕成人物高無比。就中特出知有誰，其唯植公老夫子。
夫子身世出寒門，早傳至德遍鄰里。藜蔬藿食可承歡，中流汲潔順親旨。
時時奉母作勝遊，覽盡三臺好山水。二親先後為古人，深悲未得長負米。
傾貲壘土營墓田，孺慕深情老未已。值茲世道陵夷日，此風猶能振綱紀。
幼年潛志積學深，牢籠百家見精髓。潘江陸海非天成，落筆千言不自止。
平生詞賦最為雄，古調渾淪逼杜李。設帳江城衍舊學，廣聚生徒長礪砥。
欣看桃李漸成林，別有吟聲次第起。儒家標格迥出群，矯矯風神鶴可視。
七秩未見鬢毛斑，雙眸如電健步履。天欲吾師壽千年，好把唐音重繼軌。
自愧軨才承化育，先生恩典浩無涘。敢辭小子拙為文，捧筆稱觴亦幸矣。

洪玉璋詩選

洪玉璋（1943—），字琢就，號良器。一九四三年五月二八日卯時誕生，業計程車司機四十年。曾開設洪家黃牛肉麵館於台北市青島東路九號，係雲林縣口湖鄉棺梧北村人，現旅居中和市書香樓。早年加入貂山吟社、網溪詩社、八仙會、大觀、松社、瀛社、中華傳統詩學會。

阿里山紀遊（二〇〇四、四、一二）

車馳路險似腸彎，桃樹櫻花掩映間。賞景頻頻回首望，不知過了幾重山。

夜宿高山青（二〇〇四、四、一二）

下榻高山青又青，門前松檜翠亭亭。清新空氣深呼吸，不獨心强腦亦靈。

赴祝山觀日（二〇〇四、四、一二）

小火車乘抵祝山，偕妻談笑溢歡顏。人群如蟻伸頭望，日出姑巒一晌間。

夫妻樹（二〇〇四、四、一二）

生長山中歲幾千，葉繁交榦締良緣。狂雷一擊雙株歿，長使人間夫婦傳。

姊妹潭（二〇〇四、四、一二）

姊妹潭中故事多，民間傳說信非訛。雙雙殉愛魂長遶，遺恨千年淚似波。

贈劉大國手（二〇〇七、六、一七）

百無一失藥精通，占氣彈弦孰許同。仁術仁心劉院長，沉痾立起建殊功。

黑燕產白燕（二〇〇七、五、二〇）

母鳥原來是黑身，連生白子羽如銀。峨嵋湖畔曾家宿，飛別烏衣舊主人。

恭賀張社長國裕八一華誕（二〇〇八、一、一三）

況復揚天籟，張公不世才。匡時文浩渺，汲古道崔嵬。筆健奔如驥，詩鳴響似雷。騷壇尊巨擘，酒進萬年杯。

秋　興（二〇〇六、九、二四）

九月紅潮湧，全臺肅殺聲。浮雲愁蔽日，落葉擾疑兵。風急猿頻嘯，霜嚴鳥不鳴。何時天遣散，黯慘轉為晴。

劉清河詩選

劉清河（1944—）字清和，號笠雲生。少時即好詩詞，先後受業予黃聯章、郭茂松兩夫子。性淡好靜，平時寄情於詩禪之中。詩好閑詠，土性靈重寫實。以清新、典雅、平淡、自然爲創作原則。十餘年來受聘爲臺中市財團法人鄭順娘文教公益基金會漢詩講座講席。著有《笠雲生詩選集》、《笠雲居閑吟集》。

悅——春晴

朝煙冉冉昇，開牖吟心悅。嬌鳥蹴寒枝，梅花飄似雪。

閑步

閑步入深林，涼生塵外境。澄潭空我心，明月留清影。

遯跡

遯跡林泉裡，吟餘醉濁醪。山中無俗韻，卧石聽松濤。

宏觀犁頭

人事幾代謝，風情今昔誇。中天犁店月，依舊照繁華。

自注：此篇爲第七屆大墩文學獎落選作品，當時主審謂此篇：「出律失格（未合乎古典詩格律要求）」，一哂！

壬午訪萊園寄呈主人

處士遺風在，鶯花二月嬌。萊園春尚好，煙鎖木棉橋。

題〈法界心源〉江逸子居士國畫展

妙筆具神通，高懷迥不同。無心行大道，說法畫圖中。

自註：哀駘它曰：「雖與丹青事業不了了，然拜讀笠吟長大作則意永。」

五十感懷（五首錄一）

風塵五十年，無得亦無失。一息在人間，朝朝是生日。

相依

未敢言恩愛，相依守故林。風霜三十載，不變是初心。

幽居

幽居忘歲月，燈下讀經書。悟出禪中味，懷寬世習除。

廖從雲教授詠梅自壽讀後

色相俱清淨，香凝氣愈沉。碧潭澄可鑑，梅影與詩心。

山行

曲徑依山轉，林深夏亦寒。登高一舒嘯，雲海浩漫漫。

感時——記一九八九年六四天安門事件

歷史遺傷口，燕京六月寒。血流民主恨，忍淚說天安。

其二

冒死追民主，維林足可歌。挺身攔坦克，浩氣躡群魔。

真愛

童年棒喝總心驚，每憶慈懷涕淚橫。今夜佛前頻懺悔，最無情處是真情。

雪僧心

利生弘法願何深，蓮社慈光演妙音。二水至今聲不斷，滔滔誰解雪僧心。

自註：李炳南居士晚號雪僧。台中佛教蓮社位於綠川川畔，慈光圖書館位於柳川川畔；均爲老居士手創弘法道場。

憶童年

與人爭吵淚盈顋，總向爹娘哭訴來。慈訓至今猶在耳，讓他些許不為獃。

晨遊

攜筇撥霧出塵沙，落月郊坰一徑斜。何處鐘聲催客夢，山村隱約有僧家。

山中即事

吟身棲共老煙霞，閑似孤雲半出家。日日靜參詩與佛，曹溪水瀹趙州茶。

冬至

梅花窗外竹蕭蕭，寒入松齋冷及腰。睡起拙荊呼進補，才知冬至是今朝。

大墩漫詠

柳川風月已非名，樂舞臺餘蕭鼓聲。入夜繁華何處去，柔條難綰舊時情。

詩中畫

無須彩筆繪橫斜，領略空靈韻自賒。最憶孤山林處士，雪中扶傘看梅花。

秋熱

梧桐院落起秋颸，欲遣閑愁借酒澆。夜線新聞頻報導，廟堂依舊熱難消。

自註：末句指國會亂象。

客至

網路忽傳消息至，新知來叩野人扉。叅詩問道還携酒，得飲何須論是非。

自註：是非：XO名酒。

閑

名利場中守節難，觀心莫作一般看。世間何物歸吾有，破得此關方是閑。

待歸僧

懸崖瀑布瀉如飛，萬佛庵前冷滴衣。霜月半天諸籟寂，一僧松澗抱寒歸。

夏日漫興

黃梅落盡荔枝垂，帶露荷衣別樣奇。好是雨餘樓外望，亂蟬啼處綠叅差。

示內

入冬容易感風寒，微恙頻頻失笑歡。一事教卿珍自攝，世間無價是平安。

戲贈秋金詞兄

詩長共李白狂吟，酒不讓劉伶獨斟。若論當前誰得似，鵑城醉佛蔡秋金。

答諸君子三首

只怕灰心不怕遲，起居觀察費些時。街頭野外公車上，何處人間沒有詩。

其二

刻意求工未必工，自然流暢即圓通。諸君若問詩消息，詩在日常生活中。

其三

學詩學佛貴修持，盲目追求最可悲。依止莫忘從正法，明師未必是名師。

街頭即景三首錄一

酒肆歌樓客散時，文明社會景觀奇。六街到處檳榔汁，國病居然不可醫。

對酒敲詩

愧我無才得句遲，每因一字費尋思。小樓風雨梅花冷，對酒重敲昨夜詩。

九二一大地震（二首錄一）

山河震動地悲鳴，黑夜遙聞號泣聲。瞬息災區成煉獄，敗樓殘壁斷屍橫。

詠綠色隧道

蜿蜒數里接名間，夾道青樟翠綠環。好是斜陽林蔭外，火車如醉載詩還。

老來

老來惟一趣，長守小茅庵。酒愛陳年釀，詩從活處參。
伴孫游古道，拾句帶微酣。巷口西風惡，回思幾苦甘。

民聲

大道痛沉淪，嗟余老又貧。人權攏惡客，卡債困平民。
育德誰無恥，倡文歎失真。臺灣新毒立，教改或為因。

鄭順娘文教公益基金會五周年

創設基金會，投身社教中。關懷古文化，鼓舞漢詩風。
歷盡千般苦，方酬五載功。偉哉林鄭氏，巾幗一英雄。

詠竹

門外蒼蒼竹，移根從嶰谷。生孫嫩似薑，解籜青如玉。
高節自超凡，虛心原不俗。幽居伴有君，寧捨東坡肉。

自述

年欣值甲申，有願自無貧。捨執因知我，捐私在體仁。
弘詩懷素志，學佛養天真。濁世滔滔浪，如來不染塵。

埔里遊

果然清淨域，埔里好觀光。打鐵街猶在，茄苳樹尚蒼。
入城尋古蹟，避俗禮空王。虎嶺飛塵絕，經聲灑夕陽。

閑居漫興

門前擾嚷市聲譁，不礙禪修養慧芽。念佛一心歸淨土，裁詩終日坐煙霞。
療饑鍋下陽春麵，祛暑夜煎青草茶。誰謂劉郎生計拙，午窗消受竹風斜。

春日感懷

自力耕耘倍苦辛，小園寒盡漸回春。筆花吐艷情難寄，詩草含馨俗不湮。
律呂尚知翻古調，文章最恥步前塵。騷壇誰是扶輪手，復旦徒令感慨頻。

臺中新頁

令尹都懷壯肅心，中州建設密如林。千尋大廈連雲際，十里長街接地陰。
科學園區臻願景，工商業界博佳音。多邊社教齊推動，文化名城譽古今。

陳麗卿詩選

陳麗卿（1945—），民國三十四年六月生，臺北市人，師大國文系畢業，臺北中正高中退休。雅愛詩學，從莊世光、李春榮、林正三諸先生學。現爲本會出納。

餞春

鶯聲已老引清愁，園裡芳菲墜不休。敬謝東皇前駐景，一觴一詠餞江樓。

蛻變

自從鯤化勢崚嶒，勁翼搏風萬里騰。軒舉早存鴻鵠志，氣吞雷澤一飛鵬。

櫻花

繁葩蜂蝶舞千番，歷亂芳菲勁節存。命世煌煌辭世壯，多情如我愛無言。

孤挺花

也同桃李豔人家，勁挺腰肢志不斜。寄語狂蜂休褻玩，吟邊靜賞手頻叉。

秋露

湛然清露皎於霜，潤得庭前桂子香。映日紛紛爭幻彩，愛渠逼眼炫秋光。

荷塘待月

芙蕖沼畔待銀蟾，疑是嬌羞雲裡潛。旋上層樓邀對飲，多情素影始窺簾。

錦貝

逸出龍宮四海游，斑斕彩屋炫雙眸。遊人拾取供清玩，懷壁翻教命早休。

其二

一回觀賞一回奇，貝錦文成別樣姿。晨夕櫥窗瞻顧屢，冀增清興入新詩。

寒夜

暗夜風寒閒讀史，深宵雪霽好溫經。橫窗梅蕊幽香逸，助我清吟自不停。

秋露

湛然清露皎於霜，潤得庭前桂子香。映日紛紛爭幻彩，愛渠逼眼炫秋光。

芎蕉

瞥眼窗櫺分綠處，盎然生意自悠長。搖風障日涼如許，覆鹿蘧蘧夢一場。

其二

閒愁難遣對清虛，展轉芳心卷未舒。早識繁華成一夢，胸中塊壘自消除。

賞芒

悄立秋山賞及時，迎風瑟瑟拂柔枝。輕身不讓西溪荻，坐對芒花意自怡。

獨坐

閉門書讀燈光伴，沏茗香浮月影偕。風雨瀟瀟短檠下，怡然古趣蘊詩懷。

暖冬

目凝大地楓猶絢，色彩重巒木未枯。一自聖嬰臨宇內，蓬萊十月雪霜無。

寒夜迎客

風凜霜嚴來摯友，爐紅酒熟累荊妻。多年契闊歡今夕，暢敘何辭月墜西。

荷風

吹面不勞揮羽扇，捲簾渾覺透羅衫。一池菡萏參差影，香逐南薰韻不凡。

柳風

和風舒柳破寒冬，習習斜吹送客蹤。二十四番來有信，芳園拂遍百花穠。

文山茶

偏耽包種出文山，玉乳香凝沁齒間。渴我遂心傾七碗，滌煩奚藉酒開顏。

閒居

天高地厚寄殘身，世局如棋祇自真。倘淂長年松裡臥，濤聲雲彩入詩新。

春之歌

光彩紛呈二月天，紅櫻燦燦草芊芊。春陽融處披襟坐，無限吟情入錦箋。

懷友

問君底事滯天涯，豈是前程有小乖。悵望故人腸九折，猶如風雨訴離懷。

蓮霧

非霧非蓮脆比梨，如珠如鑽品非低。香飄午榻眠初醒，串串搖紅入眼迷。

其二

論形直似俏鈴鐺，色相迷人味更香。紅顆珍珠鮮且脆，夏來飽啖透心涼。

春水

百畝新添波瀲灩，一溪初漲水潺湲。雨濡田壠禾苗秀，預卜豐收晉菊樽。

母親節

北堂孺慕情何切，東野詩吟淚欲潸。未報慈恩於罔極，每逢令節憶霜顏。

林泉逸趣

拄杖尋幽去，林泉可滌煩。寒蟬猶斷續，白水自潺湲。霜染楓同燦，煙迷谷乍昏。流連詩畫境，野趣妙難言。

木棉花

紅粧酣麗日，直幹指天心。色艷穠三月，枝高引百禽。
綻葩成俊賞，化絮費低吟。有待春風起，重教滿上林。

孤臣

寂寞吞聲哭，孤忠一影單。奚從揚正義，安得挽狂瀾。
愛國嗟何益，鋤奸慨萬難。遭逢如屈子，徒抱寸心丹。

送春

東君欲返瑤宮去，祖餞筵開日未斜。三月陽和餘繾綣，經年落寞轉悲嗟。
鵑愁柳岸猶啼血，蝶怨桃蹊盡落花。一任匆匆韶景逝，騷人心緒正如麻。

詠莫札特

曠代奇才莫札特，神童早露若飄萍。異邦羈旅羅胸闊，故里情懷淚眼零。
交響聲聲擲地作，載歌處處動天聽。幽蘭自古香無比，辭世應垂萬世馨。

李玲玲詩選

李玲玲（1946—），台北市人，自小隨家君讀四書等經典，九年來在台北市孔子廟受教於黃冠人老師，學習河洛漢語正音，古文研讀及詩詞吟唱，張國裕及陳祖舜老師指導詩詞及聯對習作，並隨徐泉聲教授與陳淑美教授學習楚辭、詩經、詩詞賞析，至今從不間斷。現正從事推廣河洛正音及詩詞吟唱教學工作。

清明有感

鶯啼遊子歸，蝶共紙灰飛。名利終歸土，誰知是與非。

船遊塞納河

船遊賽納暢心懷，依舊煙波古岸偎。座座橋墩含血淚，風華史跡未遭埋。

粵北遊記

拱北關前感慨多，無端兩岸起秋波。民風世態時光異，依舊青山挹翠河。

秋夜

涼夜秋光入牖明，簾疏風捲桂香清。心如玉鏡愁安染，蛩韻催眠好夢迎。

風箏

本欲扶搖天闕登，逍遙萬里白雲乘。絲繩絆我凌霄志，何日摶風化大鵬。

夕照

江波瀲灩響漁歌，日枕西山彩綺羅。倦鳥歸巢添暮色，夕陽孤影別晴多。

遊上海有感 并序

上海商業的繁榮，聲光具足。城市猶充滿刀光劍影，令人目盲耳聾。

百載滄桑善變粧，五音五色令人狂。華燈閃似刀光影，十里洋場如戰場。

春滿大地

黃鸝千囀報春光，暗拂晴沙遞蕙芳。雅韻纖歌縈館閣，無聲細雨漲池塘。烟凝珠湛繁華浥，蝶舞蜂飛錦繡張。垂岸青條開柳眼，紅英帶笑試新妝。

人生——忽聞好友淑秀罹癌有感

漂泊人生幾度秋，盡拋俗慮學沙鷗。無常世事誰能解，有數塵緣自可留。恩愛利名何足貴，詩文書畫樂忘憂。坐看雲水談玄妙，且莫蹉跎早善謀。

姚啓甲詩選

姚啓甲（1946—）民國三十五年十月生，臺北市人。曾任南亞塑膠公司課長，現職三千貿易股份有限公司總經理。於詩則師承楊振福、陳榮亘、黃冠人諸先生，書法入吳大仁老師之門。現任本會常務理事暨國際扶輪社三四九〇地區二〇〇八—二〇〇九年度總監。

庭中百合初放

乍見庭中百合開，清新不負我初栽。千紅是賴勤耕有，筆欲生花秉燭催。

荷京鬱金香花園

荷京專訪鬱金香，百品千妍綻滿莊。不愧豔稱花世界，無煙工業盛名揚。

影

邀月成三坐悄然，燈籠照背印身前。相隨共舞揮難去，欲喪形骸盡日眠。

女儐相

紅妝禮服似新娘，身畔伊誰是箇郎。此日看人成眷屬，應祈早遇鳳求凰。

比薩斜塔

比薩成名拜塔斜，遊人接踵賞兼誇。十全難得何須嘆，幸福端因忘小瑕。

新蘭亭碑

蘭亭碑屹舊行宮，不與義之字句同。鼓舞中興新氣象，待看愛國出英雄。

題贈基隆扶輪社洪英正社長

英年共許榮鄉里，正氣端宜惠社群。童稚關懷齊努力，佇看年度策奇勳。

題贈羅東扶輪社張子仁社長

巍巍一社屹羅東，年度張侯素志雄。服務精神天可鑒，閭閻造福立殊功。

題贈五工扶輪社何長發社長

長策經營收地利，發心服務得人和。五工社長膺新任，管領扶輪建樹多。

圓山飯店

屹立圓山氣勢強，朱樓畫棟媲阿房。外賓往昔居停處，佳偶於今宴會堂。
方喜繁榮倚經濟，旋驚靜寂斂光芒。前江投劍人安在，銳氣般期再發皇。

題贈花蓮新荷扶輪社諶莉華社長

雄心原不讓鬚眉，女社東臺立偉基。也似芙蓉新出水，莉華管領得其宜。

參觀『嶺南畫展』

嶺南宏畫展，豪邁仰歐公。立派開撞粉，傳神創折衷。
峰巒煙景外，楊柳鳥聲中。藻色兼摩詰，欣成命世雄。

自註：嶺南畫派，創始於高劍父，高奇峰，陳樹人等，主張折衷中外，融合古今。撞粉技法爲該派所創，近展於國父紀念館，歐豪年等爲第三代傳人。

參加泰國婚禮有感

萬里星槎到泰京，來參嘉宴感平生。新人手盥鴛鴦水，賀客心儀伉儷盟。
舉茗齊眉沿古俗，結褵偕老慶天成。難能禮失求諸野，異國猶霑聖教名。

自註：泰國婚禮中有『洗手』、『奉茶』儀式，『洗手』由長輩以水倒在新人手中祝福，『奉茶』新人跪於雙親面前奉茶。

斯文蔚起

夙志興詩百載同，詞壇間世出賢雄。重恢墜緒承先哲，丕振元音紹古風。
帳設鵾城人濟濟，名標鯤島譽隆隆。斯文蔚起期瀛社，不輟絃歌啟後蒙。

花東遊

春光旖旎到洄瀾，結伴驅車恣覽觀。蓊鬱林花供藻繪，嶔崟山岳得躋攀。
卑南雅韻飄幽谷，阿美輕姿舞翠巒。更有湯泉堪澡浴，徜徉未盡夕陽殘。

丁亥年母親節

此日萱花特地嬌，慈恩思報趁風潮。兒孫海外羈千里，色養親前愧一朝。
盡孝論心詎論物，承歡應近不應遙。誰能子道拳拳守，定卜家榮至德昭。

鳴門大橋

橋連數島貫高墩，四國九州任直奔。虹影穿煙橫瀨戶，鼇樑跨海入鳴門。
遙瞻鷗鷺江風逐，似起蛟龍雪浪翻。利濟遊人來覽勝，詩吟奇景共傾罇。

自註：鳴門大橋建於瀨戶內海，連接本州與四國，橋下漩渦出名，四國出口爲鳴門。「任」字「如林切」，意爲「堪也」。

題贈花蓮扶輪社林東成社長

東旭乍欣輝魯閣，成基已兆貯金山。扶輪一社榮新任，定卜來年載譽還。

題贈板橋扶輪社張社長

扶輪有志契同心，創社年逾卅載深。共為人群謀福祉，張侯領導足尊欽。

陳碧霞詩選

陳碧霞（1947—）民國三十六年六月生。大學畢，曾任新埔工專講師，現職三千貿易股份有限公司董事長。詩學師承楊振福、陳榮亘、黃冠人諸先生，書法入吳大仁老師之門。現任本會會計長。

歲月

月兒圓又缺，歲月不停留。世事雲煙似，親情細水流。

冬晴

日照寒山靜，雲開古寺高。南枝爭破萼，曝背聽松濤。

春水

柳岸新鶯鬧，苔磯水鴨馴。夜來添幾尺，野渡草如茵。

母親節

寒衣針線密，家信墨痕新。千里慈顏隔，深宵入夢頻。

荷塘待月

清香迷蝶醉，曲沼放荷花。欲共姮娥賞，塘邊待日斜。

春風

搖搖枝動催花綻，陣陣香飄入戶探。四野草枯吹又蔟，生靈萬物沐恩覃。

茶香

龍芽雀舌芬芳溢，凍頂齋心甘潤充。詩興飄然餘味雋，一甌細啜腋生風。

尋涼

假日相偕策杖徐，叢林蔭翳豔陽疏。好風拂拂清泉沁，盛夏離塵意自舒。

春思

萬紫千紅繁似錦，遙峰近圃軟如茵。滿前鶯蝶酣歌舞，眷戀韶光九十春。

布農世紀之夢

東台窮部落，自立傲吾人。歌舞餘音繞，耕耘笑語頻。
生機天破曉，農牧景逢春。樂土終非夢，陽光照子民。

軍艦岩

岩巨形軍艦，北投東北邊。終年花似錦，遍野樹凝煙。
澗谷莊園聚，郊原景物妍。風光無限好，遊客足流連。

雨水有感

一片迷濛景，春臨雨水紛。黃鸝鳴綺陌，綠柳蔚清芬。
潤物承天眷，扶犁見體勤。何妨蓑笠戴，稻麥盡欣欣。

郊居

小築奇岩里，閒居興不賒。林中窺日月，窗裡揖雲霞。
試墨題新竹，攜筇數落花。滿城燈火遠，絕少市聲譁。

聽經

磬魚敲不斷，古剎值黎明。貝葉聲聲朗，禪心故故生。
三乘開妙竅，五蘊了凡情。寥寂空山外，靈台亦自清。

清明

雨霽春陽煦，墳間祭掃喧。杜鵑紅帶露，龍柏綠盈園。
醪醴鮮花供，金銀紙鏹燔。緬懷先祖澤，默禱佑兒孫。

林泉逸趣

白露淒風起，沈吟落葉秋。秀峰青永駐，深谷綠長流。
汩汩泉聲細，喈喈鳥語柔。山雲輕拂面，閒坐一身悠。

遊九寨溝

九寨溝名果不群，無波鏡海映紛紛。千尋瀑布聲傾耳，五彩仙池錦織文。
山正高懸垂白練，樹多聳立鎖閒雲。人間幻境瑤臺外，別有奇觀天下聞。

良緣

佳偶由來一線牽，三生石上妙姻緣。英才體健人尤俊，賢女情柔貌益妍。
相敬相隨殊體貼，同遊同習最纏綿。欣看美滿神仙侶，今日完婚硯友前。

出航

勝日揚帆逸興饒，航程萬里啟今朝。重洋浪靜漁歌裊，遠浦雲銷桂棹遙。
壯志期能征四海，鄉心卻又戀三貂。男兒意氣追宗慤，仰望檣頭國幟飄。

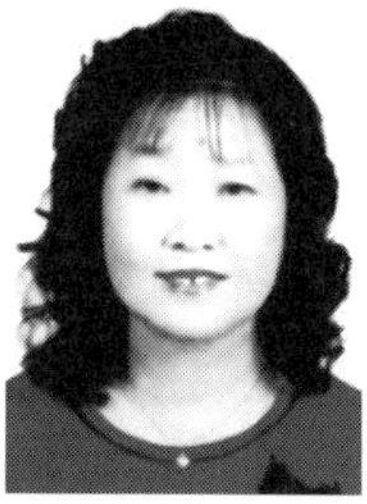

蕭煥彩詩選

蕭煥彩（1947—），輔大中文系畢業，擔任新莊國中教師二十六年。文聯社社長二年。期間常參加天籟、網溪、大觀詩社聯吟活動。退休後專心投入詩書畫寫作，教學相長。九三年任新莊書畫會總幹事。現爲瀛社、松社社員、台北縣新莊書畫會常務監事。

竹林山寺觀音佛祖

竹外仰慈雲，千手千眼觀自在。林中參妙覺，即心即佛証如來。

紐澳旅遊詩

層巒疊翠碧連天，羊隊牛群臥草眠。螢洞奇觀星燦爛，噴泉地熱盛名傳。

其二

白髮冰山矗眼前，青青牧野草連綿。多情金雀花成錦，尤勝人間彩繪篇。

揮毫

草真隸篆法書高，一筆揮成冠汝曹。虎步龍行皆有致，名家無媿是文豪。

退養有感

揮別杏壇私願償，習書作畫賦詩忙。閒來好友欣相伴，四海遨遊逸興長。

貓空賞杏花

貓空茶舍遍山巔，一望杏林映眼前。歲歲花開迎雅客，芳華逝去有誰憐。

勤儉詩

十寒一曝永無功，努力耕耘歲稼豐。節約儲財能養德，持家勤儉樹儀風。

匈牙利首都布達佩斯

歌德教堂聳碧空，漁夫古堡舊皇宮。輕哼多瑙河邊曲，鎖鍊橋東蜜意融。

遊雲南有感

蒼山玉帶半腰橫，洱海平疇一望清。白族金花風韻美，迎賓醇酒溢情濃。

吳哥窟之行

吳哥遺蹟久聞名，一片荒煙蔓古城。微笑高棉雕故壘，夕陽巴肯賦遊情。

女皇宮美驚天作，塔普廟殘老樹縈。烽火遠離民慶幸，王朝再顯景恢宏。

洪世謀詩選

洪世謀（1948—），字嘉猷，號法智。民國三十七年四月生，彰化芳苑鄉人。旅北營建築業，曾任松社總幹事，現為本會暨中和市文化藝術學會理事。

牌局趣事

方城永夜鏖，征戰底須刀。破曉輸贏定，囊空借醉逃。

淡水龍山寺懷古

滬尾滄桑百肆秋，江流淘盡數千舟。惟留古蹟龍山寺，騷客爭來共探幽。

清明

掃墓焚香到處同，年年路上不春風。今朝拜祭還如此，冒雨登墳在慎終。

好夢

駕霧呼風義氣揚，快然載酒入西廂。忽聞貫耳河東吼，一覺原來是夢鄉。

懷友

去歲花朝折柳枝，今年蜂蝶待春期。何因默坐幽篁裡，一樣青山兩樣思。

遊天津黃崖關長城碑林

飛渡神州指顧間，碑林瀏覽共雲山。黃崖險峻聲名遠，不愧天津第一關。

菊

東籬秋日菊花鮮，遍地鋪金我亦憐。晚節輒從霜後見，摘些釀酒足延年。

畫梅

暖風未及著新妝，色不沾塵碧玉藏。但見名家生妙筆，花隨墨雨綻芬芳。

瑞里生態之旅

霞明入眼一般般，曲逕幽巖萬竹蟠。黛色千重行不盡，參差花草足盤桓。

溪釣樂

臨流只為戲魚龍，喜見野溪鷗鷺蹤。磯上垂綸心自得，任他多少佐純釀。

戊子春節

長年親友各西東，唯借手機無線通。抵足由來宵話短，肆筵雅聚樂無窮。

秋露

寒露沾衣萬籟空，窗前綠葉見新紅。佳人已約黃昏後，共對蟾光便不同。

梅峰

梅峰四季適人遊，無限風光眼底收。清境凌雲花競秀，人生到此復何求。

太極拳協會南庄聯誼

全臺俊傑會南庄，綠繞農場引趣長。拳術觀摩兼渡假，陶然學取養生方。

草山食養山房雅聚

極目雲波嶺外堆，松濤竹影共徘徊。擎天崗上初寒日，賓主開懷盡一杯。

登中山樓有感

群峰疊翠擁離宮，乘輿登臨眼界空。昔日威權成史蹟，風華嵌在畫樓中。

太魯閣神秘谷之行

蘇花縱谷奪天工，沙卡噹間碧水融。一陣風來清氣滿，渾疑身在畫圖中。

登嶗山

嶗山曲徑舊時留，琳宇蕭森景色優。四面風光看不盡，相邀來日再重遊。

竹山天梯

蒼崕碧澗隱虹霓，鳥道多歧野徑迷。邂逅名山清靜處，扶笻揮汗上天梯。

稻江竹枝詞

老街百貨日更新，商賈流連四序勻。眼底桃花留客醉，繁華獨數稻江津。

粵北情懷

湟川三峽萬層嵒，傜女笙歌送客帆。遙指飛流激蕩處，阮郎應慎濕衣衫。

草山春

偷閒越嶺赴陽明，依舊青山百囀鶯。花季賞花增雅趣，怕郎問柳忘儂情。

新筍

草葉參差玉版藏，森森雨後露新篁。雖非國宴山珍品，卻是農家消暑湯。

文山茶

坪林品茗結殊緣，包種泉烹摘雨前。欲向雲山瀹知己，憐他陸羽已登仙。

其二

極目文山翠嶂連，龍芽罥霧杳塵煙。良朋暇日邀三五，坐對松風手自煎。

謁聖廟

蒼松盤鬱裊爐煙，萬仞宮墻奉聖賢。定禮刪詩滋學子，於今來拜意尤虔。

丙戌新春華山開筆

書家試筆聚華山，八法傳承豈等閒。丙戌新春鳴吉兆，任他細雨載歌還。

夏日渡假長灘島

南國椰風滿路香，白沙海岸任徜徉。長灘島獨青天外，興至賡歌晚更狂。

溪頭遊記

霧靄煙嵐曲徑通，山花含笑迓春風。日尋深谷樵歌唱，夜品新茶興趣同。

遠眺木柵空中纜車

貓空半日作流連，鳥語嵐光遍大千。新建纜車橫翠嶺，心期借道九嶷天。

春遊關子嶺

霽色柔風百囀鶯，遊人如織塞山城。戀人迭奏青春嶺，況有湯泉滌我情。

種桑

田畝拋荒繫我思，除蕪揮汗插桑枝。勤耕詎怕春光老，已約親朋採果期。

江城覓句

騷盟買醉吉祥樓，逢著端陽韻更悠。踏碎稻江風景地，意中得句氣吞牛。

稻江竹枝詞

霓虹璀璨稻江天，攤販人潮夜不眠。九號碼頭今蛻變，風花盛景等雲煙。

登龜山島

酷似靈龜海上浮，仰頭浴日獨悠悠。多年心願今朝遂，孤島不孤漁唱幽。

賀陳嘉子老師七十書畫展

鳳舞龍飛八法真，蒼煙翠靄石傳神。逸仙館裡驚才筆，不讓鬚眉戲墨人。

登武夷山天游峰

山環六六臥雲松，溪曲三三酷似龍。一線登峰惟鳥道，天游俯瞰豁心胸。

九曲溪泛竹筏

篙穿倒影亂虹橋，悅耳船歌水上飄。正是春遊好時節，舟行九曲最逍遙。

採桑果

去年新插百株桑，結實盈枝喚客嘗。揮汗耕鋤欣有得，試將成釀鬱金香。

農夫

戊子春耕氣候殊，霜中竭力鏟田蕪。事農敢畏農家苦，只望豐年步坦途。

青島寒亭碑林記勝

銀鵬迅捷似流星，勝地繁華草木榮。兩岸名家開麗景，碑留翰墨映寒亭。

踏青

雨後桑田綠，離離造化功。花香迷舞蝶，泉韻醉詩翁。
遠眺郊原上，閒遊野徑中。焉知貪柳色，玉兔欲昇東。

有思

萬里河山萬斛塵，九州逐鹿代更新。沙場盡有英雄輩，草莽彌多忠義人。
伊呂周公功不再，胥原亞父志難伸。千秋重感當年事，誰見長城永帝秦。

中和之美

漫步中和滿路香，當年八景緬懷長。崚嶒怪石依峰聳，嘹亮鐘聲繞市揚。
古蹟人文誇奕代，新通捷運達諸方。練成太極身心健，水秀山明任徜徉。

甄寶玉詩選

甄寶玉（1948—）生於廣東台山縣，幼年移居香港。畢業於臺灣師範大學，曾任中學教師。生性淡泊，常以琴書自娛。八十九年起，從簡明勇、洪澤南二師習詩詞吟唱，後隨黃天賜、姚孝彥、張國裕、林彥助、林正三諸師習詩作，現為本會理事，松社、天籟吟社及中華民國傳統詩學會會員。

花甲

花甲學吟哦，歡欣樂趣多。惜陰期寸進，寄意養心和。

紙鳶

扶搖雖直上，只嘆一絲牽。何若大鵬鳥，飛揚萬里天。

偶來

偶來池畔坐，提筆寫荷姿。心中無歲月，日落不知時。

自嘲

閒居鬧市讀黃庭，書聖換鵝曾寫經。愧我臨池無八法，陽台養鴨亦溫馨。

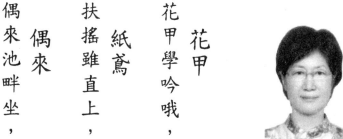

不眠

人到中年五十肩，更深反側不成眠。床前明月饒詩興，逐句推敲入錦箋。

寒夜彈琴

泠泠梅月映窗前，四靜更深撥七弦。一曲平沙舒逸興，神清回韻意悠然。

自註：〈平沙落雁〉古琴曲。

香江團圓

每逢秋節總情牽，銀翼香江萬里旋。四代一堂如夢裡，月華同樂共嬋娟。

外孫女學語

小口嬌聲似玉鈴，牙牙學語未曾停。彷如鸚鵡隨人話，一句婆婆最動聽。

外孫女學吟詩

稚娃四歲學詩章，出谷清音韻抑揚。興起頻頻開口唱，明眸顧我意洋洋。

登山（夫君無論工作，登山都負荷重重背囊）

行囊千担輒心疲，攀頂登高費步移。擷趣本為閒逸事，輕鬆遊歷賞花姿。

靜讀

吾愛宵深夜靜時，塵囂俗事暫拋離。心澄讀得書中趣，回味無窮入睡遲。

聽雨

傾盆驟雨擾三更，似馬奔騰夢亦驚。跌宕人生焉可料，醒來滿眼見天晴。

越南新娘

友人兒媳爲越南新娘初到台灣吾憶當年自港嫁到台灣爲人婦頗有同感

亭亭秀麗綺年華，尋夢迢迢渡海涯。唱罷鄉音懷故里，安居蓬島是儂家。

壬午夏日初訪黃鷗波老師

久仰名師三絕學，詩書畫藝吐芬芳。喜聞一席般般語，茅塞初開志自揚。

台北捷運

地龍節節互鈎連，吞吐人潮逾萬千。縮盡程途成一瞬，悠遊憑卡到天邊。

曝書

芸篇滿架學為儒，怎奈鯤瀛溼氣殊。借此冬陽忙曝曬，愛書情願作書奴。

白梅

驅寒喜見白梅開，玉潔冰清不染埃。未許林逋成獨愛，擬將雪蕊入圖來。

春日遊士林官邸

惠風和暢午時遊，綠樹繁花景色幽。今日凱歌堂寂寂，當年出入幾王侯。

自註：凱歌堂爲官邸內教堂名。

遊烏來內洞森林區

山徑清幽樹蔽天，半空飛瀑落深淵。水中濯足消炎暑，驚見魚游腳趾前。

觀黃天賜老師鳥卜有感

悠遊風月滿詩懷，浪漫豪情擅辯才。瀟灑人生原自在，何勞靈雀解疑猜。

敬悼蔣方良女史

異國姻緣情獨鍾，迢迢千里樂相從。侯門似海悠悠過，專一堅貞我動容。

電視

螢幕方方小洞天，網羅萬象現君前。箇中真幻悲歡事，莫不教人百感牽。

桐花詩——不遇

去年探雪卻嫌遲，今對含苞自笑痴。晚到早來皆不得，尋幽五月只留詩。

其二

喜見青山五月英，飛飄似雪燦晶瑩。遊人不忍將花踏，為惜幽姿繞步行。

圓頂法會（清明後謁土城承天禪寺，巧遇剃渡圓頂法會歸來感賦）

辭親禮

親情難捨淚漣漣，骨肉相依數十年。父母成全真智慧，他朝龍象耀人天。

圓頂禮

臉容安靜別雙親，落髮三千脫俗塵。大願初心君永記，慈悲普渡有緣人。

望雲

山樓縱眼望雲峰，變幻無窮疊幾重。舒捲悠然天外去，無心相逐自從容。

訪劍潭寺正整修中

閱盡滄桑年復年，潭光劍影幾雲煙。殘碑壞壁摩挲處，回首前塵一悵然。

蛻變

幾番蛻化幾番眠，破繭飛蛾意自堅。不耐崎嶇成長路，何能重睹艷陽天。

夕陽

朦朧大氣一紅球，直落西邊未肯留。照徹人間終不息，明朝緩緩出山頭。

西門紅樓

西門町上一紅樓，八角磚牆古意悠。臉譜劇情增雅緻，談天品茗最清幽。

其二

昔日紅樓大劇場，相聲戲曲最風光。時遷百歲滄桑過，古蹟悠悠向夕陽。

中元節（大廈一同普渡）

七月盂蘭遇吉辰，高樓住戶案台陳。佳餚果品拜兄弟，求福消災又睦鄰。

碧潭泛舟

雨霽虹橋氣象妍，泛舟潭上碧波連。欲隨流水尋幽去，喜見桃源在眼前。

八里渡船頭

燈火通明燦渡頭，江風拂面最溫柔。往來淡水觀光客，夜鏡行舟逸興悠。

訪友人石碇老家

清遊石碇探花開，卻見繽紛滿地摧。生物順時原有序，何須惆悵久徘徊。

天籟詩社張國裕社長八秩晉一華誕賦呈

先生碩德一耆英，絳帳傳薪善解評。顧我頑冥終不棄，細心解釋感真情。

其二

社長謙和態可親，廣推社務不辭辛。詩詞曲賦盡能誦，不愧嫡傳天籟人。

意先齋閒居（意先齋為寶玉書齋名）

卜居鵑市東，市隱得清風。窗映月中桂，庭看石上松。琴音傳古調，鳥語樂春融。國父館鄰近，陶然書畫中。

秋懷

年華似水向東流，半百浮生已入秋。昔日耕耘終有得，今朝積獲足無愁。
晚霞炫彩風光好，紅葉疑花景色幽。奮力塗鴉尋樂趣，深期他日滿豐收。

丁亥春遊金瓜石

春雨迷濛逸興生，尋幽塵外訪鷗盟。重重煙靄天邊起，處處櫻花霧裡迎。
海水陰陽呈異色，雞峰濃淡轉分明。風光滿眼車行緩，載得新詩趁晚晴。

北投春遊

雨過天晴綠滿枝，詩友尋句北投馳。拾葉作扇消暑氣，樹蔭休歇忘困疲。
訪得古廟敬合十，往哲吾人齊仰之。司客殷邀賞古董，多年蒐藏盡珍奇。
象牙雕舫玲瓏透，古玉雙駒絕世姿。細心描繪百鳥圖，題詩清雅顯巧思。
長春宮前讀雋句，仰慕周師聯文遺。又訪葉兄翰墨齋，詩稿成冊馥蘭芝。
贈吾手工宣紙本，得與揮毫寫新詩。遠望觀音美橫臥，不覺僑園暮色遲。
萬里客攜南非酒，一座醉吟暢詩脾。興罷揮手相道別，他日重聚應可期。

自註：北投長春宮前刻上周植夫老師所撰對聯。南非華僑友人歸國，攜來美酒。

賴添雲詩選

賴添雲（1948—）出生於苗栗。承黃鷗波先生習繪畫、漢文、詩詞，膠彩畫作典藏於國立台灣美術館、高雄市立美術館、苗栗縣文化中心，行政院客委會等。於一九八一年共創台灣膠彩畫協會，一九九〇共創北市膠彩綠水畫會，曾任高雄市立美術館典藏委員及全國性美展評審。一九九五年推動客家文化共創公益性寶島客家廣播電台。

大溪蔣公行館

昔日行船大漢溪，於今水庫日斜西。蔣家盛世成回憶，河獄蒼蒼心惻悽。

中秋

桂菊花香玉露盈，今秋月勝去年明。金風細細為誰醉，摯友同斟飲舊情。

邀月

玉壁高懸萬里明，郊原步屧聽溪聲。良辰美景休輕擲，共飲花間萬里情。

閒飲於碧亭感懷

藍天碧水索橋牽，雲落潭心山在天。咀嚼人生如映影，棋茶詩畫樂餘年。

太湖

平濤臥野戲翔鷗，千里煙波一線收。點點歸帆載白浪，太湖浩景冠三洲。

遊周莊遇雨

霏霏春雨泛莊舟，柳岸高牆盡入眸。多少世家同水渡，何曾豪富到今秋。

石門潭觀雲

石潭雨霽翠光移，出岫雲成舒卷姿。靜坐閑觀千景化，驚神已是月明時。

桐花情

溪山嫩綠鳥群嬉，似雪花開滿谷池。轉瞬隨風相繼落，翩翩鮮蕊墜成詩。

小瀛洲懷古

綠柳亭樓相掩映，潭光波面鑑空明。四圍山色無今古，代代遊人各異情。

遊瘦西湖歸

揚州春冷氣微甘，李白桃紅柳綠涵。一路黃花看不盡，千潭麗水富江南。

西湖小瀛洲

西湖勝景小瀛洲，鏡水無波樓似舟。最是平潭煙外景，誰能寫出幾分幽。

遊揚州途中

三月揚州裊水煙，油蔴菜子一田田。書家只羨文風萃，未識金黃美上天。

潭光寄語

雨霽雲收春水盈，潭光千頃鑑空明。一行白鷺雲遊過，寄語輕舟惜世情。

觀雪

合歡初雪展新姿，輕靄藍天托玉肌。彩筆難圖晶冷色，寒光萬丈射銀絲。

泰平村虎霸潭

一曲幽潭似鑑明，靈山虎霸瀑傳聲。櫻花三月嬌紅態，直擬仙鄉樂泰平。

賀客家電台成立

寶島民豐百業榮，客家傳統孝忠誠。崇原母語傳真意，正客絃歌洽我情。

天富別墅農園

禽鳴翠谷群峰峻，鷺覓青潭一鏡平。天成妙景藏靈氣，富作嬌園覺道生。

自註：本詩用折腰體。

北横巴陵（題畫詩）

頃過巴陵雲霧來，山莊片刻沒青崖。此身恍在神仙窟，唯見村農採果回。

陽明山櫻盛開

春到人間萬樹紅，山櫻賞客鬧哄哄。厭聞寂寞梨花淚，獨愛陽明瑞氣融。

李家老屋

老屋紅牆歲月幽，翩然白鷺立田坵。農家愛此乾坤闊，雨讀晴耕享自由。

墨爾本皇家植物園（題畫詩）

草盛花繁萬頃香，翻飛百鳥樂天堂。寒枝尚見留顏色，片片金黃戀故鄉。

花蓮之晨

山醒雲移旭日昇，晨霏漸散路人增。洄瀾真箇如仙境，靜看清溪向海騰。

奇萊山北峰

雨洗蒼松接夕曛，蒼鷹穿谷惹浮雲。奇萊深處難尋徑，唯見歸鴉三兩群。

春色（題畫詩）

繽紛七彩任情揮，草色花顏叩野扉。苦覓人間無勝境，偶從紙上見瓊璣。

三月揚州

三月揚州十里煙，金黃遍地菜花田。人文薈萃風華盛，綠柳紅桃各競妍。

風雲際（題畫詩）

奪政爭權今古同，詐傷詭譎勝刀弓。都城氣湧嘶聲喝，民主難為辨義忠。

雲櫻（題畫詩）

紗帽浮嵐映薄曛，櫻開萬樹艷如焚。北瀛最勝陽明景，雲湧鳥鳴花吐芬。

紅葉瀑布（題畫詩）

山巒赤葉展虹霓，白練從天注壑溪。引落深雷繞谷響，飛煙漫幕釣磯迷。

蒙塵泣（題畫詩）

慾壑難填夢裡爭，摧殘大地氣難平。旱霪無定山河泣，舉世伊誰恤此情。

南橫埡口

回看埡口眾驚顏，絕頂疑從雲外攀。石澗松風鳴百籟，遊情未盡不思還。

長流美術館三十三週年

津橋畫界卅三秋，藝術光華映五洲。覓鑑古今真極品，千家妙作慶長流。

賀趙博士緣志畫展

宗承膠彩創新猷，冠藝星輝筆不休。展志台灣畫透透，圖成麗作世珍留。

仲夏

岳黛雲高雀戲陰，枝懸荔果潤香林。狂颱乾旱毋相擾，荷沼清蓮豁素襟。

友情

程途漫險水流河，病苦人生悒鬱多。幸得真情千里共，扁舟談笑渡輕波。

亞拉河畔寫生

亞拉河畔水輕流，岸上春芽正出頭。雙雙水鳥相依過，筆彩冬陽慰客愁。

澳洲寫生

野草青青一望平，飛禽走獸應相鳴。盈樹春芽滋嫩色，暖陽煦體暢吟情。

庫克公園（題畫詩）

映水天池鷗競飛，珍禽捉對逐波嬉。往來遊客匆匆過，羨我閑情享及時。

亞拉河暖

寒風凜冽掃枯枝，六月斜陽照即時。雁鴨閒遊欣自得，亞拉河畔我裁詩。

日暖皇家公園

落枝初着嫩芽寒，草綠池清遊客闌。此地冬陽解心事，和光輕灑意漫漫。

王子橋畔

飛鷗覓食競低旋，水映名橋迓客船。葉脫寒枝成曼舞，女男遊客笑相牽。

詠石門居

坐對石門山色收，遠聞大漢水聲幽。添霞潭映鳴蟬樹，雲過星輝璧月浮。

賞芒

風勢展輕紗，秋芒舞落霞。依山隨處發，灑徑總疑花。
月下懷思遠，雲邊寄興賒。山行多逸趣，不忍動輕車。

三月陽明山（題畫詩）

陽明三月杜鵑紅，千樹櫻花炙眼瞳。紗帽煙飛塵市遠，七星嶺峻鳥途通。
層層礦氣浮深谷，靄靄霞輝接碧空。騷客登山尋錦句，懸知身已入詩中。

許秉行詩選

許秉行（1949—）台灣嘉義市人。畢業於中國文化大學哲學系，歷任電器公司門市經理、視聽教材製作人等，現任悅寶科技公司副總經理。詩學早期自習爲樂。二〇〇二年新莊社大遇林世澤老師所教授「河洛漢詩文課程」方開始鑽研。旋因投稿認識林正三老師，幸蒙教導方識得律詩入門格律與習作，並紹入詩會活動迄今。

歲暮懷友人李炎

憶昔賞花妍，笑談松徑邊。君家遷異域，對月話從前。

詠紫菊花

群芳凋盡剩淒涼，獨向東籬吐郁香。羞擁花苞浥朝露，一枝紫豔晚凌霜。

黃埔夜愁

客地倘佯夜是愁，情深似海苦緣修。琴音江上隨風起，撥弄心間最裏頭。

歲寒憶友

北風渭水帶深寒，賓雁南飛雲海端。空憶詩情千里外，皚皚大雪滿長安。

啼笑姻緣

一年心事一宵中，歡喜姻緣夢裡空。天到傾時猶缺北，海當盡處不朝東。

寄情

憑將尺素載相思，總是矜持畏薄詞。惟有多情今夜月，照卿對鏡卸妝時。

歲更有感

送舊迎新在海陬，年華如水又如愁。閒身賦卷燈前列，聽遍雞聲半白頭。

西湖春色

拱橋倒影呈湖面，曲畔灣環入水鄉。亭榭樓臺翩蝶處，桃花垂柳伴春塘。

屏東潮州訪友

造訪潮庄曦照明，隔林宿鳥早啼聲。青山蓬屋人猶在，碧海丹丘世已更。

登高遠望行酒

連朝詩思為君開，空映閒雲落酒杯。共向東南高處望，遠山遲暮入樓來。

尋幽

朗天拾翠臨幽谷，目眺遙山雁返群。欲擁莫愁尋去處，虛空朵朵盡浮雲。

西靈巖夕景

斜照西巖繫釣艫，海風瑟瑟動菰蒲。浪痕猶濕潮初落，山色依然草未枯。

往馬槽花藝村途中

山容半瘦草微黃，雨後磺煙裊晚涼。一徑秋聲蕭瑟裡，長天孤雁破斜陽。

長生訣

半百光陰夢一場，儒家風味舊曾嘗。壺中獨得長生訣，世上神仙不老方。

君子風範

薰風吹送小窗南，翠竹青松映碧潭。人好附炎君澹泊，常吟風月尚清談。

八里雨中泛舟

落葉楓情處處留，來帆零落海門秋。煙波十里搖孤棹，風雨連天伴白鷗。

世網

車聲轆轆擁征塵，世網羈人歷苦辛。亟羨村中閒逸叟，依廬柱杖看行人。

三峽春望

溫陽遍野綠千重，放眼芳菲色正濃。二月山村明似畫，行吟結伴醉鳶峰。

舟渡梧棲

煙雨濛濛濕領襟，一肩書冊櫂舟臨。濤聲入耳龍吟起，客旅誰知海作心。

春遊即景

踏翠層巒日放晴，鳥來正月賞紅櫻。風吹嶺道生和暖，花海欣欣春鳥鳴。

夜渡基隆河口出海

河灣星夜脫塵囂，搖曳孤舟趁晚潮。天海銀波看不盡，月中回首望橫橋。

北投磺溪山

湖田近處小橋西，綠橘丹楓入畫迷。多少殘紅暉映外，一山秋色在磺溪。

溫哥華海暮

拍天雄浪捲前潮，斜日餘暉佇海橋。欲問舵工泊船處，水花風葉暮瀟瀟。

觀浪

無際波濤逐岸追，長灘乍捲雪千堆。風吹暮色隨斜照，笑乞漁家酒一杯。

淡水即景

暮送煙嵐遠遠波，觀音山色淡江多。黃昏青草河邊過，靜賞漁帆唱晚歌。

登高吟嘯

吟嘯松峰方酒醒，狂歌分享友朋聽。暢懷不雅君休怪，鬱悒乍消風滿亭。

望海日子

愁山恨海兩難行，拍岸波濤日夜聲。失意那堪歸路阻，回頭最是客心驚。

旅菲友人看台灣政事

俗事隨流水，浮沉痛此生。荒居千島近，亂世一身輕。
落日青山志，秋風故國情。不堪瀛海上，晨暮吼狂鯨。

花香

薰情脈脈不聞秋，露重風輕夜入流。幾許薔薇才浣面，一時蘭蕙又梳頭。
素妝倚檻搖團扇，香鬢垂簾上玉鉤。擁得七分濃淡意，招搖蜂蝶袖微兜。

山路之秋

山容如睡勢延綿，幽徑蒼茫鎖暮煙。人走危橋黃土路，鳥啼古渡白雲天。
松林倒影迷深谷，溪澗奔流到野田。領略秋來蕭瑟味，浩歌乍起亂峰前。

觀音山之夜

秋色蒼茫黯遠岑，澗溪環繞白雲深。雁傳涼信月千里，鴉斂寒聲霜半林。
遠眺漁燈煙隱隱，近聞牧笛霧沉沉。幽香清淡浮空谷，輕鼓尋蘭一曲琴。

詠黃花

傲骨欺霜人詠頻，賞他獨秀不爭春。滿園好取吟詩料，添座欣逢載酒人。
清句難憑花入夢，素粧須藉筆傳神。愧吾非是丹青手，欲寫幽香恐未真。

東埔八通關古道賞高山菊

朋集雲臺樓上樓，午間欣睹萬枝秋。妍姿佳色攀欄檻，嬌態幽香亂酒籌。
華滿實宜供客賞，露濃不用替花愁。品來頗似陶家味，匪可樽前早罷休。

蹉跎歲月

遠峰隱約笑吾痴，歲月蹉跎負所期。來日靜庵勤體悟，別時瀛社暢吟詩。
心同止水澄無著，身似閒雲任逸之。彈指百年如幻夢，浮生莫為利名羈。

詠陶淵明

五斗生涯何寂寥，田園日暖步逍遙。菊迎逸士當開靨，柳向先生肯折腰。
人隱桃源輕魏晉，官休彭澤混漁樵。葛天近在柴桑路，歸去來時水一瓢。

閨夢手記

欣與春風作比鄰，香簾重整一番新。手揮彩筆輕描扇，躬理書床厚積茵。
院落星辰含昨露，亭臺霜雪映今醇。魂尋綺夢桃源路，偶棹心舟獨問津。

隱居樂

靜心避世尋山去，問著歸期未有期。樸簡三間茅作舍，巧圍四面竹成籬。
清晨排闥雲羅岫，向晚當門月映池。豆架瓜棚收穫好，滿園欣見綠痕披。

阿里山野村禪行

霧隱孤村近碧峰，晴來不覺曉雲濃。疏狂有礙難為客，庸懶無心可務農。
草屋寒煙開壽菊，竹橋秋水映芙蓉。寂寥幸有參禪志，為覓清修路幾重。

寒夜旅情

流浪天涯話故園，風餐露宿近荒村。芳閨空有梨花淚，旅夢憑添蝴蝶魂。
斜照登樓人望遠，更深秉燭客敲門。飄零何處無愁緒，心曲輕談對酒樽。

嘉義蘭井里

風光新豔畫難成，夢醒憑欄眼乍明。排闥青山原有約，入簾彩卉不知名。
明霞散綺群峰麗，古井無波一鑑平。舊址頻頻留爪跡，臨行難捨故園情。

人生之秋

大江東去日西斜，塵世炎涼百感加。兩鬢不堪成白雪，一年容易又黃花。
人皆樂逐榮華夢，我獨悠遊山海家。蕭瑟秋風誰惋悼，南朝金粉剩寒鴉。

竹溪夜飲

幽幽古寺白雲深，孤寂寒蟬隱續吟。桂影溪迴輕渡月，蟾輝樹透輒驚禽。
縱橫棋局延清夜，雅緻琴音寄素心。盡興欲歸山雨重，舉酬無酒茗勤斟。

館夜僧話

禪師欲去復留之，精舍微寒夜話時。鶴髮華公勤沏茗，童顏明士快吟詩。
談空有象天花落，持咒無聲法雨施。畢竟一心須點破，道旁癡漢莫支離。

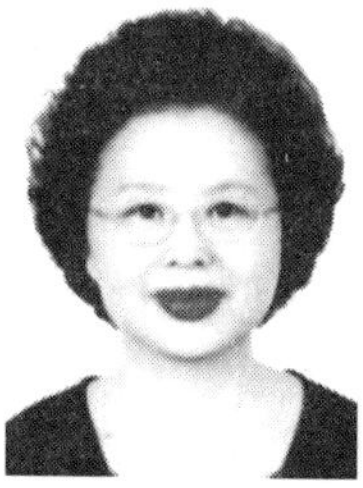

廖碧華詩選

廖碧華（1950—）字雉子，民國三十九年出生，臺中縣大雅鄉人，畢業於屏東農專，曾爲國中生物科老師。早歲隨父母習作詩吟詠，中年學習古筝、古琴及國畫，退休後師承黃天賜、姚孝彥、林正三與林彥助等儒師學習古文及作詩。爲長安、松社、瀛社及中華民國傳統詩學會會員。

夢幻人生

人生如夢幻，世事本無常。一笑消塵慮，時來化瑞祥。

對菊

庭園千百菊，灼灼燦東籬。邀客持螯賞，蟹肥欣及時。

病中觀日出

登樓迎曉日，冉冉上山巔。霞彩時時變，誰能掌握天。

遊太魯閣

太魯閣中巖景妍，懸崖絕壁勢參天。嶙峋怪石添詩意，興起吟哦樂似仙。

觀賞父親所種油菜花

黃花遍地門芳菲，蝴蝶成雙款款飛。勝景當前人自醉，逍遙終日不思歸。

陪家人於梧棲童綜合醫院旋轉式餐廳聚餐

夕陽照水絢餘霞，出港艨艟起浪花。俯瞰市街燈閃爍，渾然不見舊農家

送別

機場相送兩依依，萬籟無聲淚暗揮。一別多時難聚首，倚門長日盼夫歸。

吟菊

秋風颯颯菊先知，碧葉凌霜萼滿枝。搖曳生姿添美景，騷人吟詠正當時。

江梅

江流百轉浪淘沙，岸上新梅映彩霞。疏影生姿呈瑞景，留連不覺日西斜。

呈家嚴

傾盆豪雨打窗紗，地凍天寒倍念家。遠隔雲山難極目，何時依膝賞庭花。

籠中鳥

花開花謝又逢春，萬紫千紅織錦茵。美景當前難比翼，何時方得自由身。

牧野

草木逢春罩綠紗，牧童嬉戲水之涯。閒來牛背頻吹笛，如此閒情奚以加。

台大杜鵑花節

杜鵑爭放舞東風，春色盈盈耀碧空。但願東皇施妙術，花容永駐滿園紅。

賞荷花圖

玉立亭亭粲畫中，淄泥不染有殊風。水光雲影閒相映，倍覺新姿別樣紅。

自註：於耕莘醫院參觀畫展。

建國花市

群花雲集四方來，婀娜芳姿帶露開。靜待良緣新主現，傾心相賞莫徘徊。

孤挺花盛開

鬥豔爭嬌淑氣催，盈盈春色粲花臺。繽紛滿室呈祥兆，應是家門喜事來。

春山

峰巒疊翠映雲天，李白桃紅景色妍。沐浴春光聽鳥語，悠悠心境似神仙。

月下賞梅

月色溶溶灑碧穹，梅花競放舞春風。暗香薰得遊人醉，倍覺良宵興靡窮。

山樓對月

清輝萬里照山樓，蟾魄晶瑩眼底收。天上人間同此夜，舉杯邀月倍神悠。

登淡水河畔紅樓

夕陽斜照入紅樓，霞蔚青山景緻幽。遠眺浮舟乘浪去，憑欄偶得豁塵憂。

遊加拿大（民國九十四年七月二十九日）

遠眺群峰

奇峰矗立若參天，幽谷杉林景色妍。太息神工裁妙境，悠然共賞樂如仙。

三峽谷到溫哥華途中

東升曉日映雲霞，漠漠杉林罩綠紗。一脈青山無盡處，今朝頓悟井中蛙。

烏鴉爪冰河

萬古冰河蔚碧天，晶瑩剔透景奇妍。誰將鴉爪懸山澗，惹得遊人意興綿。

註：冰河遠眺似烏鴨爪。

乘纜車眺遠

纜車越嶺上山樓，四面風光一覽收。遠眺弓河依海盡，千年長自向東流。

春天遊西湖泛舟

千絲垂柳拂春風，爭豔桃花別樣紅。山色水光人自醉，輕舟對景意融融。

月樓聞笛

皓魄當空映畫樓，誰家笛韻透清幽。餘音裊裊縈詩興，喚起吟聲徹斗牛。

寒林初曉

曉月殘星掛九天，朦朧山色景奇妍。琪花競豔添生意，人步寒林樂自然。

士林官邸賞菊

盲人獻曲雅音揚，調蔚黃花門豔芳。傲骨清香人仰敬，獨吾安步賦吟章。

夜讀

寒風瑟瑟五更天，燈下攻書意志堅。莫使年華空逝去，雄心半百勝青年。

曉起

曉星高掛海東天，擁被寒冬正好眠。唯恐群兒腸轆轆，羹湯起作莫遲延。

悼黃師母陳素真女史

相夫教子譽芳鄰，鶼鰈情深敬若賓。大好良緣獲天妒，淒風苦雨隕斯人。

登澎湖彩虹橋

凌風直上彩虹橋，遠眺高雲賞早潮。頓覺天低蒼海闊，虛心求進莫矜驕。

哭君舅大人

三十餘年愛護深，身逢絕境暗援金。昊天恩極慚難報，愧疚填膺淚滿襟。

秋曉遊虎山

曙光初現虎山遊，黛色層巒別樣幽。忽覺眼前生意滿，渾然忘卻已深秋。

惜分陰

五十年華始學詩，潛心研究不嫌遲。
華章夜讀光陰惜，日日求知志不移。

遊台東

重巒疊翠景奇幽，四顧風光一攬收。
世外桃源猶在此，何須萬里覓丹丘。

贈陳醫師

陳家國手世聞名，術德超群博好評。
再造恩深難以報，衷心惟有祝鵬程。

謝詩友垂問病情

二度高燒倍恐惶，深宵病榻感淒涼。
忽蒙詩友頻相勵，奮起精神鬥志強。

病中觀月

圓月懸空四境明，簾中獨我暗悲鳴。
親情摯愛難拋棄，面對無常奮力爭。

呈家父

贈女球花寓意長，溫言慰語暖心房。
祈能否極身安泰，萊服娛親宿願償。

滿春園

紅花織錦滿庭方，彩蝶嬉春舞豔妝。小小洞天真別致，行人到此樂徜徉。

山中賞鯉魚

山林處處景奇幽，澄澈甘泉盡日流。戲水游魚無限樂，焉知俗世幾多愁。

自註：颱風過後遊谷關

恩師惠贈丹青

丹青師所贈，寓意異尋常。效竹持風節，崇梅傲雪霜。心堅松柏勁，譽比菊蘭香。奮起青雲志，期能厚望償。

白河觀蓮有感

荷塘十里映雲霞，身出污泥不染瑕。陣陣涼風搖翠蓋，悠悠淨水照朱華。鴛鴦弄影漣漪起，仕女吟香意趣遐。拂岸幽姿惹人醉，傾心靜賞忘還家。

花東之旅

三伏天中熱欲狂，無心覽閱賦詩章。花蓮眺海迎曦日，知本登山賞夕陽。水榭彈箏添逸興，瓊樓品茗暢吟腸。一拋塵慮舒胸臆，乍悟浮生福樂長。

張民選詩選

張民選（1951—）台北蘆洲人。喜六禮研究，展卷操觚。啇餘隨黃冠人老師啓蒙詩詞吟唱，林正三老師學閩南語聲韻學及詩詞創作，楊振福、張國裕老師學詩詞創作。曾任中華民國傳統詩學會副祕書長、顧問等。

夢

蘧蘧一枕入仙鄉，境裡神遊翰墨場。記得鏖詩登榜首，驚醒小卒竟稱王。

楓林

半林風約妝如錦，三徑花開綴似金。誰說秋光多落寞，楓紅萬點豔山林。

忘形交

傾心老少喜長隨，貧富何關友與師。莫問前生相識否，祇祈來世續扶持。

逐鹿

政黨興亡逐鹿圖，動員媒體鬧蓬壺。良心道德拋天外，欺騙黎民勝亦輸。

醉花朝

韶光旖旎景如詩，二月欣逢十五時。勝會盟鷗春正王，花前把酒祝佳期。

牡丹

不共凡花鬪艷妝，群芳譜裡貴稱王。華清池畔風華在，朵朵鮮穠露亦香。

惜春

遠山烟景春留畫，小苑花容雅解情。大塊韶光今假我，好教風物寄心聲。

檳榔

原生山地種巒烟，嗜嚼風行販路邊。飼得紅唇新族類，花隨唾沫遍街前。

圖書館

芸編萬卷疊如牆，菈館人來繞眼忙。出入頻繁東壁府，為興文教振倫常。

臘月梅

雪壓孤山拂朔風，南枝幾點茁玲瓏。平生雅愛冰霜骨，不畏嚴冬放萼中。

梅花妝

宮娃點額仿新妝，自古魁名出壽陽。韻事唯傳花貌外，冰肌勝雪一層香。

滄海桑田

鵑城昔日陌交阡，今遍街衢大廈連。舊地重遊添白髮，情同碧海變桑田。

花信風

序屆陽生斗指東，群芳蓄勢欲飄紅。番風廿四來消息，花也開顏柳轉瞳。

他山石

史冊篇篇鑑後人，他山有石借咨詢。若能為錯堪攻玉，世路亨通志可伸。

抗煞

飛來肺疫莫驚惶，醫藥猶無抗煞方。口手體溫頻檢點，全民備戰力嚴防。

茶敘

欣逢老友酒更茶，極品銀針水爍花。別後甘辛談不盡，暢談不覺夕陽斜。

自修有感

鮮坐春風困擾中，詩還俗白意難通。先生面對隨吾問，未解何因句不工。

丙戌歲暮曼谷行

一封婚柬挾商情，我帶歡心跨海行。人事市容多變化，車中困坐慣無驚。

訪泰商馮董事長

馮老迎來步履遲，遮痕舌帽笑因醫。相知隔海難常聚，說地談天事險遺。

訪泰國臺商陳執行董事

連年擴廠產銷佳，果享豐收樹品牌。四代同堂豪宅裡，回甘蔗境樂生涯。

客戶招待湄南河泰國美食

湄南河畔飽佳餚，調味新奇老手教。美酒酣醇香溢齒，人生樂事仗名庖。

聞師儔欲訪鷺洲

聞道吟朋訪我鄉，嘆無文化饋詩腸。惟餘古厝藏深巷，先享揚名椀麵香。

入聯公投

入聯行動闖關飆，美共齊謀策撥撩。底事干卿頻打壓，花徵民主豈容凋。

假日八里球敘

長愛西濱翠滿山，每逢暇日更開顏。踏青揮桿舒筋骨，笑嘆生偷半日閑。

丁亥歲暮訪泰京逢泰皇八髴晋一壽誕

歲暮單飛赴泰京，欣參婚宴洽商情。令辰原是君王壽，喜氣迎來樂此行。

其二

舉國欣騰慶誕辰，聖躬康健愛臣民。皇權無限春將屆，頌獻岡陵景福新。

落花

一場風雨對殘花，惹得衷懷自怨嗟。忍見枝頭紅落地，留芳無計酒頻加。

滬尾暮色

淡江翻碧色，野鳥宿林枝。萬頃帆歸後，千家燈上時。
邀朋歡半醉，展卷釋多疑。沿海遊人織，何年對岸隨。

暮秋

漸覺山容瘦，寒威迫海東。花留三徑秀，葉飾一林紅。
成字雲端雁，愁聲院外蟲。梅園尋好句，清韻正無窮。

蟄伏

遯世親山水，來尋野鶴盟。竹松傳逸韻，泉石寄幽情。
蝸殼容人臥，羊腸許我行。蟄居仁智樂，耳目遠紛爭。

名利

捨得名韁利鎖無，追求太古豈凡夫。貪權恃寵謀財有，取巧投機享譽無。
口說千般惟鞠瘁，心存一念老裝愚。粗茶淡飯原真味，安命隨天是正途。

網路駭客

未來世紀日翻新，凡事先知網路人。電子交朋無國界，天淵彈指等芳鄰。
結儔誤認魔為聖，駭客焉知鬼扮神。名利行為邪鬪正，每場紛亂肇貪因。

高清文詩選

高清文（1951—），字志誠，別號兩安居主人。台北市人。東海大學工學士，交通大學管理碩士。從事國際貿易多年，先後任職於美商施樂百、寶成工業、亞洲光學等公司，目前擔任挺嘉國際公司董事長。年少時雖曾耳濡目染，然至五十六歲方致力於學習詩作。為詩喜創新風格，餘暇寄情山水，閒詠自娛。

張家界天子山

峻峰峭壁立蒼松，霧湧雲飛隱巨龍。飄逸多嬌靈氣聚，天成詩畫幾回逢。

湖南常德桃花源

不見桃花醺醉紅，無緣對飲古詩翁。南山北水尋仙境，卻在吾身方寸中。

交大同學偕寶眷於雲南昆明為本人慶生感作

隙駒催老氣猶雄，嫩葉新芽根本豐。飛瀑一涓穿石志，思源三益傲春風。

湖北荊州古城

三分天下勝為王，結拜桃園情義彰。談笑古今成敗事，荊城斜日憶忠良。

偕妻遊香港乘小星輪

同舟牽手泛香江，浪擺風輕月映雙。萬點星光迎過客，鰈鶼蜜語此情長。

武當山南岩宮

峰奇岩峭建飛宮，丹劍雙修精氣通。他日成仙償正果，紅塵回首萬情空。

初抱外孫女感作

腹中懷子母心連，陣痛頻催似火煎。寵愛萬千啼妙籟，含飴欣喜慶延綿。秀娟雅緻一嬌嫩，濃郁天倫三代牽。不讓鬚眉勤奮起，來年撐起半邊天。

雨中賞花

春水滂沱潤艷妝，紫紅粉白杜鵑狂。椰林搖曳塵心淨，花海翻騰煙雨香。昨日雄鷹初展翅，今朝野鶴已添霜。彰名顯業風雲幻，漫步遊園天地長。

自註：雨中漫步台大校園，見杜鵑花繽紛盛開，青春學子朝氣洋溢，有感賦此。

抱孫感作

臍帶連心骨肉藏，忍煎方享喜麟慶。耳珠豐厚天庭飽，頭臉方圓地閣昂。昱耀八方興志業，勳披七海展威望。枝繁葉茂根基穩，血脈天倫日月長。

自注：長女嘉君丙戌年農曆七月二日丑時生男有感而作。八月六日取名「昱勳」再作。

正雄賢婿會計師高考獲雋（二〇〇七年十一月丁亥孟冬）

名題金榜門楣耀，正直忠勤意志堅。惠澤人群興百業，雄風振翮世稱賢。

「令人不安的真象」影片觀後感

紛爭無止境，分秒耗能源。廢氣沖雲漢，全球暖化根。
自然遭破壞，物種被侵吞。少慾多分享，家園永續存。

自註：二〇〇七年四月十二日與祥華至「美國文化中心」觀賞前美國副總統高爾製作的環保影片有感。本片獲得二〇〇七年二月第七十九屆奥斯卡最佳紀錄片與最佳歌曲兩項大獎。
" An Inconvenient Truth " -By Albert Gore, Jr. 另譯「不願面對的真象」

丙戌年十月二十四挺嘉公司開幕吉時感作

挺嘉台大對門親，賓主同歡笑語頻。遠眺環山心智闊，近凝叢綠運籌新。
地靈人傑財源廣，枝茂冠豐根葉伸。惜福感恩興志業，鄉園回饋再逢春。

自註：二〇〇六年十二月十四日作於公館戀戀台大。

十一月三十日遊馬尼拉近郊百勝灘感作

懸青疊翠霧飛巒，石錯湍急百勝灘。左蹬右踼如雨汗，見得飛瀑展顏歡。

自注：雨中與蓮玉泛舟，菲籍船夫二人賣力於礁岩急湍中奮力向前，至終點站瀑布前賞每人小費一百比索，臉龐展現憨厚笑容。

記丁亥年詩人節【林園詩茶會】

枋橋雅集滿園芳，聽韻烹茶意興揚。雨滴清漪搖綠影，魚游紅緄漾青塘。
齋前戲演春秋夢，亭上詩吟今古章。飲水思源毋忘本，風華再現憶菽莊。
自註：二〇〇七年六月十日午後偕蓮玉參加於林本源園邸方鑑齋舉辦之林園詩茶會。

丁亥年初春中國文藝協會遊京杭川鄂皖之旅

長江三峽（二〇〇七年三月搭乘「乾隆號」遊輪遊長江三峽）

遊輪穿峽霧煙籠，建壩移民文物空。三峽雄姿今不見，永隨流水盡奔東。

黃山日出（三月二十一日黃山北海觀日出）

一眉紅日破霞天，瞬眼金輪躍嶺巔。遠望悟空禪定坐，雲淹浮島眺無邊。
注：登「清涼亭」觀日出並欣賞「猴子觀海」奇景

登高望遠（三月二十日雪後登黃山「光明頂」）

白鹽粧石壓青松，針葉迎曦雪始溶。拄杖屐冰登嶺頂，依偎望遠兩情濃。

飛來石（三月二十日觀「飛來石」）

飛來何故落黃山，矗立峰頭峻嶺環。雲海奇巒詩畫裏，松濤吟唱不思還。

大足石刻（三月十四日仰「重慶大足石刻」）

寶頂珍藏血汗成，摩崖石像栩如生。凝神臥佛貪嗔滅，仰望觀音名利輕。
業報輪迴宣教義，推乾就濕顯真情。潛移默化千年久，一代宗師萬世名。

自註：大足密宗道場，寶頂山石窟造像區是由南宋僧人趙智鳳主持規劃及建造，歷經七十餘年而成（西元一一七四—一二五二）一九九九年列入聯合國世界文化遺產。

假日花市

群芳爭寵幸，婷立笑迎人。鬥艷吾封后，爭奇眾伏臣。
若能攜手返，還望探頭巡。日夜依君側，深情比酒醇。

自註：二〇〇七年四月十四日逛建國假日花市有感。

二〇〇七年盛夏遊植物園憶童趣

荷紅葉綠豔陽天，苗圃蛙鳴香氣傳。水灌土猴胸撲跳，網追蝴蝶腳奔顛。
礁城飛石攻防戰，人馬揚塵對壘纏。童伴霜華能飯否，夏蟬吟誦盛開蓮。

自註：二〇〇七年七月盛夏　懷兒時植物園童趣感作。

菲律賓宿霧資生堂島

螃蟹飛船激浪花，婆娑棕櫚幾漁家。人閒狗懶雞纏鬥，碧海金沙映豔霞。

十二月一日參加於菲律賓馬尼拉舉行烈山五姓懇親大會感作

思源懷祖會群英，異域天親兄弟盟。菲島聯歡同暢飲，烈山五姓一宗情。

自注：第十屆世界烈山五姓宗親聯合懇親大會，第十七屆亞洲烈山五姓宗親——高呂盧許紀。

台大植物標本館志願服務記（二〇〇七年十一月丁亥季秋）

奇枝秀葉藏身久，上卡黏縫心志甘。前輩採搜勤探險，得留標本後生參。

遊菲國感作

南海之珠久染塵，工商不濟政局淪。貪污腐敗忙私利，那有閒情顧萬民。

自注：上次菲國行至今已有十五年之久，馬尼拉貧民窟仍舊充斥著殘破鐵皮屋，尋常老百姓日子過得十分貧苦。

斲琴記

斲工髹飾靜心生，才藝雙全師譽盈。徽定音調琴況顯，古音餘韻寄閒情。

自註：二〇〇七年秋季歲次丁亥拜師鄭德宣習斲琴。

高堂鑽婚暨慈母八秩壽慶（二〇〇七年十一月丁亥孟冬）

鴻案相莊周甲子，長春璇閣感天恩。華堂燭燦椿萱茂，祈願他年慶鉑婚。

自註：西洋禮俗稱結婚滿六十年爲鑽石婚，滿七十年爲白金婚。

李珮玉詩選

李珮玉（1952—）字雙清。民國四十一年生，臺北市人。目前從事國際貿易。因緣隨學於莊世光耆儒，並受教於黃天賜、姚孝彥兩先生習作詩詞。平素喜好音樂、語文、佛學及踏青，亦松社及中華民國傳統詩學會會員。

春晨園景

雲暗煙迷曉起涼，春風輕送柳絲揚。花開引蝶齊爭艷，恰似佳人競粉妝。

觀黃天賜與黃柏誠奕棋

大小雙黃好奕棋，揮兵走馬出招奇。百回叫陣軍心潰，最樂險中求勝時。

汐止山道閒步賞花有感

桐花五月滿山巔，似雪繽紛在眼前。今日拾來頭上戴，明朝落盡有誰憐。

憶八十七年初晤法雨寺住持妙湛上人

師臨詩社喜相逢，論道深微孰與同。興至高歌蓮步舞，玄機盡在不言中。

見黃天賜老師與黃柏誠爭論有感

亦師亦友亦爭鋒，東論西評各有宗。孰是孰非難議斷，莫嗔莫執豁心胸。

黃天賜老師淡水老街占鳥卦記

從來不信筮人占，卻向街頭卜鳥籤。三問迷津難得解，隨緣知命自安恬。

一九九九參訪佛陀八大聖地之一靈鷲山

階梯因佛造，步步詣山虔。石窟幽巖下，平台豁嶺巔。
昔時常演法，今日好參禪。臆想蓮華會，渾然百慮蠲。

結婚廿週年感賦

佳辰幌眼數年頭，喜樂辛酸似水流。八載交情終共宿，卄年結髮得同修。
苦心開創成家業，胼手經營遍亞歐。膝下雖虛何有憾，相偕白首好悠遊。

悵然 （以下五古）

夢中有詩思，醒來不復記。終日悵悵然，此情何可寄。

一九九九北天竺行

日出田園早，春郊印北道。車羊駱駝行，漫天塵浩浩。

淡水紅樓與詩友敘情

秋風起水濱，紅樓留雅人。沉吟當年事，舊情感益珍。
雖言人已老，時憶玉顏抱。今世不了緣，來生相識早。
晚客送夕陽，明月正徜徉。相隨有知己，當歌訴衷腸。

慰鳴鳳詩友眼疾

驚聞友眼疾，頓感世無常。致意提拙筆，寄情紙一張。
憐君幾度痛，舉步多踉蹌。文才藏滿腹，無目難成章。
慶子娶新婦，沖喜把疾忘。心寬病起色，明眸再生光。
拾筆抒詩興，遺懷篇洋洋。騷朋舉杯賀，共醉吟聲長。

初冬遊芝山岩惠濟宮古蹟感賦

山寒風侵袖，登訪惠濟宮。洞天福地壁，妙書自潘公（註）。
循階入隘門，悚見奇石厲。猙獰似巨蛇，口欲小蛙噬。
再上臨大殿，石馬立廟旁。忠心護其主，慘遭釘鑿亡。
巡瞻古蹟前，史實歷歷現。漳泉同歸所，豈值數年戰？
六氏東瀛來，義學育文才。橫死歸不得，石碑長誌哀。
芝山曾有恨，流年遷世事。天地小如斯，一篇台灣誌。

得失鑑前車，今人當警記！

自註：「洞天福地」摩崖石刻，筆跡出自潘永清先生。

淡水行 （以下七古）

渡船來往淡水河，八里滬尾人穿梭。店頭叫賣招遊客，二胡弦音浪聲和。
江風拂面訴秋意，霓燈映水泛彩波。大好風光趁時採，不教歲月空蹉跎。

謁觀音山凌雲禪寺

幽嶺鳥鳴凌雲寺，石屏為靠龍虎臂。千手觀音坐殿中，低眉慈祥示禪意。
人我頓忘立佛前，晨鐘暮鼓法語宣。心清不求業不障，痴人何必求神仙。
渡水無痕白雲過，來去不沾一塵緣。

東海同學卅年重聚有感

驪歌一唱卅載經，昔日青澀今老成。有人宦途放光采，歐美非亞任公卿。
有人旅業亦成就，環遊世界聖峰征。唯我才疏嫁人婦，胼手貿易用心營。
不遂大志成小業，三餘詩書樂我行。

自註：聖峰指阿爾卑斯山的聖母峰。

游振鏗詩選

游振鏗（1953—）字正堅，號鏗石。北縣土城人。早歲移居北市大稻埕，隨勵心齋勤威鳳習古文，中年入灘音吟社李春榮之門，習詩詞吟唱，復隨林正三習聲韻，課餘從復興高中吳子健先生習書法，又喜篆刻，於銅印之刻法稍具心得。

晨

向曉耕耘露水多，枝頭躍鳥競新歌。東陽懶起嬌無力，勤作迎秋穫必多。

至石碇友人家一聚

亭前嵐氣易魂銷，傾豁吟情破寂寥。借酒歌風酬好友，絕無煙景擬今朝。

跨年夜即事

萬樹銀花耀碧空，少年歡慶我耽窮。怡然坐對西窗燭，寂寂遊心翰墨中。

槎花又開

多年不見逞芳姿，今歲槎花開得奇。應是暖冬天候變，待看香果滿東籬。

街頭藝人

自註：述盲胞彈手風琴賣藝事。

街頭駐足慨人生，指下飄移鍵不平。遠耀心燈能引路，琴音娘娘伴君行。

其二

走唱街頭雨露欺，形衰鬢白更何辭。鉢聲響處心恩滿，為答隆情鍵不疲。

聞女歸期

喜聞雙十故園歸，遊學於今復所祈。遍歷山川開視野，平安無價冷添衣。

颱風夜

十萬風聲捲怒潮，災區報導覺心焦。廟堂佞辯黎民疾，多少工程毀一朝。

棄犬

擺尾迎風守夜忙，一朝老病棄他鄉。重尋舊主家門返，此願區區恨未償。

夜歸

日日追錢一路疲，仰看涼月起吾思。人生幾許滄桑外，唯有清光未稍離。

風塵女頓悟

童年怙恃苦無依，欲保貞心願總違。此日白蓮新出水，佛前合掌作皈依。

自註：報端一隅，歷經毒品、酗酒、沉淪、尋死邊沿，機緣頓悟，樂當慈濟人，勇哉樓亭葳師姐。

過北新莊慈德廟

日午臨高景色佳，廟前駐足禮王爺。遠帆載盡閒愁去，嶺上風徐曲徑斜。

自註：廟中主祀蘇、許府王爺。

其二

隔山雷響近農家，裊裊煙炊日漸斜。不畏鳴蟬催鬢老，悠然坐領廟前茶。

再遊慈德廟

金風送爽也花香，乘興村間鷺羽揚。過客庭前評翠茗，怡情不忘託詩章。

懷友

霜前濁酒味如何，美好光陰瞬息過。往日擊壺成記憶，長懷崗上大風歌。

驟雨

滂沱春雨洗牆新，路上行人半濕身。利市唯看沽傘者，隨機攬客喚頻頻。

偶題

淡蕩春風潤意遺，無邊意緒入遐思。安排筆硯攤書卷，冀有佳篇慰素期。

春日碧潭泛舟

小舟一葉盪波心，軟語依偎日漸沉。歲月如梭人半老，當年往事恍重臨。

臘月梅

奇花含黛碧山藏，臘入梅魂欲展芳。雪夜凝粧迎逸客，一支玉蕊待春風。

野薑花

蕭寂近三秋，閑花乍出頭。幽香君子識，素豔麗人求。采采嗟余老，淒淒引客愁。膽瓶供靜室，借此記清遊。

鵾城

承恩門北七星陲，西近稻江帆影移。三月詔光春爛漫，萬家灯火夜迷離。縱橫捷運迎風騁，聳拔雲樓舉世知。締造鵾城榮景象，人來覽勝復題詩。

洪淑珍詩選

洪淑珍（1954—），字璧如，空大畢業，原任職於大同公司，後轉數學補教。先後從黃冠人、楊振福、李春榮、陳焙焜、林正三、張國裕諸先生學。二〇〇三年入瀛社，現任本會秘書長、中華民國傳統詩學會監事、天籟吟社副總幹事。

書感

半百勞勞生計謀，銷磨心志委時流。方期把卷閒中過，不意翻招詩律囚。

其二

身外虛名豈忮求，區區只愛小詩柔。平生意氣相投處，但恐霜毫表不周。

秋後過蓮池

西風拂過一池寒，蔌蔌枯蓬抱影殘。麗質記曾添藻色，於今冷落忍誰看。

官邸賞菊

孟冬天氣似秋晴，閑步名園百感生。官邸如今誰是主，萬千紫艷與黃英。

輓 陳故社長珮坤先生

每逢文會輒追隨，深愧才難副厚期。匡謬指疵叨教益，尊公如父亦如師。

其二

憶昔從游愜素心，共探名勝共謳吟。笑談一路矜腰腳，往事追思感不禁。

其三

遺篇重讀意難勝，學養清醇眾所稱。大雅扶持壇坫振，平生風義亦堪繩。

其四

忍看痼疾日趨沉，病榻猶懸會務心。叨切叮嚀言在耳，遽然仙去慟何深。

其五

愴聽靈前梵唄聲，東芻來弔淚頻傾。仰瞻遺像風徽在，敢忘諄諄誨我情。

春泥

落紅滿地化膏油，潤及平蕪綠又稠。縱使惜花人去後，銜泥燕作補巢謀。

石碇銷暑遊

石碇尋幽向晚過，南薰吹處聚涼多。迎眸山色青堪挹，鳥語蟬鳴入耳和。

其二

洞府鍾靈裊篆香，憑高先得領三光。真人耕植還耕道，生死關心渡十方。

其三

嶺外清風拂臉頻，雲峰遙望錦鑲銀。一天好景斜陽近，綰住塵中追賞人。

其四

氣清月朗可憐宵，倚檻高吟興倍饒。喜見同遊開拇戰，不辭量淺再傾瓢。

王又曾

父子營私妻妾驕，由來勾結自前朝。掏空詐貸居豪宅，吾輩能饒天肯饒。

其二

東森事爆喪心魂，避債他邦計苟存。酒肉王門曾爛臭，而今看守所中蹲。

其三

三妻四妾一登徒，叱吒商場力霸圖。豈料足鐶來伴老，機心曾算此時無。

示兒

二載籌謀如願行，知勤能儉重朋情。竿頭奮進當年少，佇看前途一片明。

其二

行裝整束夜沉沉，句句叮嚀汝記深。攻錯他山堪補拙，求知當不負初心。

新蘭亭懷古

名碑斜照影，篆跡入眸中。誌士林春禊，紹山陰雅風。
哲賢雖已矣，雲物總相同。千古蘭亭事，思量觸我衷。

紅毛城攬古

勢控北臺襟帶寬，西風捲旆不勝寒。汐潮如信生樓外，鳥雀憑高噪堞端。
鐵礮森森昭史迹，壕溝寂寂覆苔瘢。依稀鼓角騰雲際，細認滄桑久自嘆。

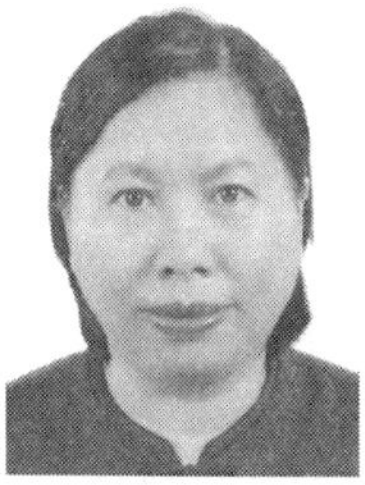

陳麗華詩選

陳麗華（1954—），字蘆馨，台北市人。詩詞啓蒙老師是楊振福老師，之後又跟隨張國裕、陳榮弡及林正三老師等學詩詞。並加入天籟社、春人詩社和中華文藝界聯誼會及古典詩刊研究會等。

步霍松林大詩家龍岩筆會贈台灣詩友瑤韻

昌詩載道識初心，雅集龍岩契闊深。蘊藉百篇吟古調，珠璣七字顯新音。
千秋事業人同仰，一代風潮眾所歆。名遂功成真可敬，生花妙筆貴如金。

振成樓懷古

依然風物在，閱世幾春秋。徒有吟情富，苦無椽筆收。
詩吟聊寄傲，體弱怯登樓。促膝談今古，縈迴興更悠。

遊士林官邸——讀新蘭亭碑

清遊信步到蘭亭，簷外侵眸嶺色青。鳥語關關清耳牖，花光煒煒啟心扃。
詞家紀勝碑猶在，官邸忘機茗亦馨。讀罷鴻文思往事，風騷且喜未凋零。

與吟友重遊碧潭有感

碧潭卅載認依稀，日見繁華逸興飛。眼底風情皆遂性，席中詩意可忘機。
一絲殘照雲邊下，幾點微禽水際洄。品茗時窺潭水上，搖情雙槳弄斜暉。

敬和張英傑詞長丁亥三月來台詩原韻

萬里來台愜素期，每從佳句引深思。君懷壯志才如故，座聚耆賢景未移。
愛國文章應有價，僑居海外豈無悲。千秋大計歸椽筆，掃蕩妖氛靖兩儀。

新竹一日遊

佳辰攬勝愜幽衷，同蒞名區笑語融。碧蕩湖光天地外，白騰嵐氣有無中。
弔橋蹀躞神難定，古巷銷磨興不窮。滌盡塵囂誰識得？歸來縱筆寄詩筒。

敬步　陳維德初來明道管理學院詩屏瑤韻

策杖林園迓旭暉，樓前攬勝暗香微。仰君風骨標文苑，淑世詩心掌絳幃。
學海無涯人自競，仙山有約鳥還飛。九天欲效禽蟲舞，笑我塵勞未息機。

賀明道大學唐宋詩詞國際學術會議召開

學苑昌詩夙所欽，揚風扢雅植基深。名家史筆能醒世，載道文章共此心。
倜儻豪情人踐約，遄飛逸興句重吟。好將韻事傳瀛海，報國襟懷抵萬金。

張錦雲詩選

張錦雲（1955—）出生臺南長於臺北。幼隨先嚴朗吟經書。因制式教育暫拋漢韻。二十餘年後逢機啓發，悠遊於漢韻文學中。曾任文山吟社社長、廣播教育節目主持人。受邀至美邦漢詩吟唱教學。現任本會理事兼副秘書長、詩作指導老師、艋舺龍山寺國學班、松年大學、兒童吟詩班講師。龍巖人本禮儀師培訓班講師。著有《追尋》、《鍾情》、《臺灣鄉土教學集》、《臺灣兒童詩謠臺客英三語多元教學》上下冊、《西遊記講古韻文》等詩畫集。

蛻變

松濤薰化蝦中清，格調雖高奈未成。一點靈心庞力聚，龍門得躍九霄行。

頓悟

拈花一笑悟禪功，不見菩提智慧通。龍鯉魚鵬今可在，惟留明月照虛空。

雪隧

一樣環山客路封，鑿開雪隧兩無同。蘭陽已見新興地，石碇猶嗟運未通。

自註：本詩用孤鶴入群格押韻法。

桐花詞

五月花如雪，環山伴綠蘿。盈枝香隱約，飄徑影婆娑。
愛惡憑誰訴，心魂逐雨沱。幽人情未識，猶唱爛銀歌。

探春

嶰壑飛泉溜，探春慣獨行。雪消花氣郁，水足渚煙生。
趣在觀山勢，興來摹鳥聲。飄飄風舞袖，天地盡詩情。

外籍配偶輔導班

底事當年出故鄉，姻緣千里繫臺陽。終身幸福絲蘿託，畢世恩情財幣量。
長此客中銷歲月，唯從夢裡憶爺娘。憐教荳蔻迷津醒，文化深耕勉自強。

農家避雨

崩雲潑墨避田家，好客主人邀品茶。天外響雷驚草木，堂中把盞話桑麻。
一犁水足青苗秀，萬頃香涵玉梗斜。不減風流三月暮，閒情樂共雨情加。

元夜賞燈會

龍山寺會客摩肩，元夜來祈大有年。香火氤氳盈寶剎，人文鼎盛富詩篇。
筆花難寫銀花妙，燈樹如同玉樹鮮。萬種訴求皆入耳，觀音慈庇必綿綿。

張建華詩選

張建華（1956—）民國四十五年八月生。高中畢業，銳鴻貿易公司負責人。師承劉清河先生、林正三先生兩位夫子，詩觀但求其意、不求其華，恬淡樸拙貴性真。現任本會副秘書長。

冬梅　調寄十六字令

冬。雪裡江山一色濛。孤芳駐，冰魄待春融。

春感

春至不需猜，繁花次第開。化泥無怨懟，只為送香來。

秋夜

新月掛西廂，露滋蘭桂香。危樓誰不寐，窗口透微光。

竹——教改有寄

飆風擾處怒聲鳴，勁節虛懷自不驚，願炙成弓誅碩鼠，護苗茁壯利蒼生。

中秋感賦

秋宵隻影只清吟，天籟和鳴在竹林。更有姮娥不相棄，暫來共飲桂花陰。

落花

驅車牧野見殘紅，一片繁華今已空。莫謂秋山無景賞，郊原妝點有丹楓。

夜賞落花

皓月當空夜欲闌，銀鑪躍水漾淪寬。池邊獨坐看花墜，不覺春深滴露寒。

靈泉禪寺記遊

鳴蟬古寺織秋聲，高誦乾坤別有情。鐘磬悠悠山寂寂，詩心一片水還清。

清明

又近清明感慨多，人生半百盡蹉跎。遣愁莫再悲時過，且上高樓詠夕波。

雨中蟬

鳴蟬喧雨草山幽，片片丹楓豔暮秋。幾陣泠風吹拂處，礦煙難聚意難酬。

禮佛

率性本真真不換，無明俗念念何多。梵音豁顯如來意，我漫冰消化逝波。

惜壺

把壺滑手裂痕留，莫是今時緣已休。暫得人生非永久，無常有識自悠遊。

有慨

淡名書劍寄初衷，文苑悠遊覺歲匆。卅載身心漂泊處，隨它詩卷付東風。

放下

狂徒妄語理當誅，快意恩仇大丈夫。鬼手佛心獅子吼！拈花一笑有還無。

讀史有感

霸王昧義不知患，亞父愚忠血淚斑。讀史終宵輕掩嘆！重情切莫競江山。

尋梅

雍雲快雪屐痕消，寂寂空山一色描。欲覓梅蹤何處有？朦朧霧裡幾株嬌。

惜梅——悼雅集詩友丫雅

孤芳只在雪中妍，不欲東君共併肩。縱得騷人知惋惜！花蹤已失句難填。

月夜八里渡船頭

石縫王孫喚，榕陰儷影藏。江心漁火爍，月下鷺鷥翔。
波搖水筆子，柱停灰面鵟。長堤人抱膝，竊笑眾生忙！

野塘記趣

水鴨掠波紋，野塘明夕曛。依稀魚影現，隱約犬聲聞。
漸領拋竿趣，偏收出世勳。登盤鱸膾美，把酒對閒雲。

逢友

一別十年長，相逢鬢已霜。調琴彈舊曲，溫酒話衷腸。
借得秋陽暖，銷他世態涼。人生勞起伏，對膝共銜觴。

敲詩感賦

寒宵細雨觸詩心，燈下攻書逐字斟。得句千敲方適意，成篇百讀自沉吟。
凝思有缺愁腸結，把筆求全感慨深。縱得少陵才與我，能留幾首列儒林？

余雪敏詩選

余雪敏（1956—），字學敏，台北市人，現居汐止。輔大畢業，歷任行政院新聞局廣電處輔導員、國小代課老師，扶輪社之幹事等。現已退休。每因心中有感，則發而為文；有新詩、台語詩、散文、雜記等，散見報刊雜誌，曾編寫公共電視兒童節目劇本《民俗畫》。因李珮騏之引薦，得以加入臺灣瀛社詩學會。自知資質愚魯，願困勉而學！

習詩有感

深宵不寐怨茶濃，獨坐窗前弄筆鋒。遍索枯腸詩未竟，且將翰墨付塵封。

初夏

櫻紅落盡景遷移，如雪桐花應可期。昔日偕遊驚艷色，今年再約賞幽姿。

孤挺花

花名孤挺竟葳蕤，數蕊齊開鬥艷姿。夫婿勤栽儂愛賞，酬君對酌賦新詩。

古硯

方田一角隱書幃，寂寞千年映月輝。不願朱門藏玉篋，寧依雅士待鵬飛。

大溪遊

林家大厝遺跡

大溪鬧市物資豐，遊客如潮四面通。大厝風光今不見，石碑小隱野亭中。

登蓮座山

蓮峰登陟興無窮，寶剎巍然煙靄中。信眾虔心求福祿，吾人更愛領清風。

汐農之旅

和風暖日向東行，訪水親山路幾程。摯友為儔盡三日，年年相約續新盟。

宿兆豐牧場

牧場擇向海東開，碧草如茵迓客來。復有繁花看不盡，湯泉浴罷更徘徊。

車行花東縱谷

連峰峭壁插雲中，浩蕩煙波帶晚紅。一色海天斜照外，悠悠心境遠隨風。

宿娜魯灣飯店

原民歌舞饗嘉賓，藥膳佳餚勝海珍。竟夕縱談心內事，不知窗外曙光新。

陳岸詩選

陳岸（1957—），字善觀。丁酉入籍台灣，生爲宇宙游子，八方來去，客居鹿港。現任景觀公司長工，兼任建國科技大學講師。性喜佛老，逢山水竹石、風花雪月，則詩酒詩畫、逸興豪情，禪悅於大地之無盡藏也。五十學詩，如臨老近花叢，驚喜於武陵人入桃花源，終期於盡，何必太守、崔顥，日暮煙波，千古吁嘆誠多事矣！

清明

春分愁雨到清明，祭掃灰飛石徑橫。日暮行人歸去盡，風花露月伴孤塋。

柳

分從買主運未均，豬舍禪庭各立身。際會總隨人物別，聞嚎聽唄問前因。

夜飲文開書院見月

書院騷朋約共斟，迴廊曲院夜沉沉。多情唯有中天月，一縷清輝醉客心。

盆池

疊山沼水自乾坤，拳石妝池小似盆。鯉鮒洄游難作隊，前程夢遠憶龍門。

楊長林同學別墅築庭初成有感

雅築新成砌小湍，泉聲石韻竹千竿。邀朋共醉櫻花下，妙景悠然畫裡看。

梅花酒

一剪梅花浸酒中，馨香雪色去年同。冬寒獨自傾花酒，懷抱春心更不空。

白髮

中宵攬鏡更何愁，皓髮蒼顏合與儔。萬疊青山無特色，白雲一縷畫中留。

重遊南園

生涯忽得近溪丘，春到南園百景幽。暫脫塵凡多少事，步紅踏翠樂重遊。

自註：南園爲聯合報系員工休假中心，舉凡建築設計、庭園佈局、院落配置暨雕刻裝飾，無不巧妙，值得仔細品味。

與華重遊南園

一樣亭臺一樣樓，十年草木話從頭。偶尋夢裡花前事，坐對苔痕意自悠。

月夜

步出中庭映水光，疏星朗朗夜鶯翔。由圓至缺空中月，何用詩人解釋忙。

冬至湯圓

牙搖髮禿已中年，才調空談貨殖篇。過此年應屆知命，時逢冬至自搓圓。

半天榕

獨處高樓曉雀還，寄身元在碧雲間。塵寰俯視憐螻蟻，百尺青顏峻萬般。

林清鏡畫家校園贈親寫竹扇

欲染絲巾採葉葩，花前遺扇謝名家。生機獨秀題幽竹，氣韻瀟瀟向晚霞。

自註：林老師教學生以葉、花繪染絲巾。承贈竹扇畫竹並題「生機獨秀」四字。

風力發電機

為闢能源害景觀，海濱巨柱懾心寒。藍天碧水風輪碎，鷺咽鷗鳴不忍看。

竹亭待月

秋宵謐謐動詩靈，愜共荊妻坐竹亭。待月觀星幽谷裡，耳邊山籟自泠泠。

陳校長佳聲榮退

桃李春風造化成，題詩合自頌佳聲。修成世外清閒客，萬水千山自在行。

卦嶺尋桐花

假日起童心，翻山覓野林。桐花風欲盡，雞舍氣難禁。
政府花前事，傳媒路上音。何須依報導，卦嶺自幽尋。

清明有感

古今人物幾何材，愚慧終教共草苔。月滿荒丘飢鼠鬧，日斜古木野狐來。
才與形骸隨物化，德在精神待自培。蝶舞蜂忙空醉色，勸君更盡酒中杯。

賞夜梅

紅塵衝破入山來，忽見梅花處處開。霧鎖千峰空墨畫，枝橫幾點映蒼苔。
蛙鳴月出驚林鳥，人語燈殘對草萊。惟恐夜深仙跡渺，香車疾駛載春回。

台北街友

花岡石縫草萊蕪，白眼人情遁世夫。身後香車迷路巷，眸中廣厦寄壺盧。
埋名願作楊朱鬼，斷利心儀墨子徒。大隱休言家故事，殘燈夜雨立街衢。

竹林飲酒聽箏

載酒溪頭曉蝶迎，杯涵竹影醉秋箏。山花意滿風中舞，水鳥情多草上鳴。
振袂蕭蕭豀谷響，低眉款款石泉清。歸程回望霜林月，散盡繁華氣岸生。

邱進丁詩選

邱進丁（1959—），字晴哲。屏東人，民國七十五徙居新莊。幼即愛好古典文學及翰墨，自號爲意聖齋，詩學啓蒙於翁正雄老師，九十三年加入瀛社。素懷豪情壯志，尤欽古聖先賢之言行，期能一展鴻圖。現爲台北縣書法學會常務監事，及台北縣新莊書畫學會理事。

天地山川

全能造物佈蒼芎，億萬星羅浩瀚中。日燦銀河光宇宙，月明今古照當空。
乾坤運轉群生育，松柏長青百草豐。上下關聯靈命貫，陰陽替換自升東。
霜霖雨露平原潤，閃電驚雷府庫弓。樹蔽群山藏鳥獸，冰封北極見魚熊。
森林護育家園保，濫墾山坡土石洪。活水成河源有始，蔚藍深海蘊無窮。
高峰堆積千秋雪，郊野頻吹四季風。萬水奔流湖海聚，千山湧瀑沁泉沖。
群芳綻放知時節，物種品類見雌雄。綠水青山來紫蝶，黃金白玉貴紅銅。
雲飛四極心無競，鳥翔八方道自通。天地山川人最貴，綿延萬物竟神工。

君臣

三皇五帝道尊天，上古完人德乃全。堯舜禹湯為表率，君臣禮制始流傳。
仁風義幟周文武，輔佐無私作聖賢。嬴政雄圖歸一統，謀平戰國掌威權。
劉邦拜將尊韓信，策士張良亦並肩。蜀漢功憑諸葛計，紅通赤壁火燒船。
江山易主窺朝政，胡馬侵華民隱憐。敗寇成王青史定，兵荒戰亂起烽煙。
東吳魏晉群雄競，隋末紛爭出李淵。楊廣荒淫豪傑伐，魏徵忠諫勢重編。
房謀杜斷貞觀治，武氏登基女掌乾。正大光明網紀振，營私舞弊萬民煎。
陳橋兵變黃袍晉，武穆精忠政已遷。蒙古長征歐亞跨，版圖雖廣祚難連。
沙場戰將功勞者，震主英雄性命捐。洪武晚年文字獄，宦官為禍甚從前。
康熙盛世乾隆繼，光緒維新政不堅。宣統王孫成末代，中華分治國雙懸。
台灣民主聲音雜，不善經營也枉然。歷史輪迴無永久，新湯舊藥五千年。

鄭中中詩選

鄭中中，實踐大學服裝設計系畢業，從事內銷中國與台灣的女裝經營。喜歡美的事物，更喜歡在工作忙碌之餘，沉浸在古典詩詞的懷抱！認真工作的女人最美，勇敢生活的女人更美。只是美與醜都是外在主觀的認定，內在心靈層次的提升，才是我們該追求的！而詩詞的欣賞正是豐富心靈的一條捷徑！

雲

昨夜天河打浪舟，今時擬鶴過深秋。行蹤初看悠遊甚，走北奔東哪自由？

閨怨（一勾自多情）

九天懸月瘦如勾，空自多情空自憂。誰復無心眉上掛，將愁一放便成秋。

雷雨

滂沱挾電太張狂，直似千駒過戰場。踐草欺花時有見，不聞霹靂擊強梁。

軍艦岩

軍艦岩頭望大千，不如一枕白雲眠。當時底事勞牽掛，擱淺人間幾萬年。

給我的朋友——在美國的琳瑤

相逢未耐託明朝，黛筆援來燈下描。今次妝成不遊夜，但賒一夢會琳瑤。

隨筆

年少移花入管弦，邀風共譜惜春篇。無言此日怯相對，誤得紅顏多少年？

歸——張家界歸來有感

踏山歸後意難持，澎湃迴腸去去遲。噴霧蒸雲兜不住，尋常並入一秋詩。

秋雲

遠觀近看兩悠悠，地角天南不繫舟。偶使西風捻成線，居然繡出一山秋。

秋山

無心小坐萬年功，參盡炎寒意未空。山老還如初嫁女，西風一拂臉飛紅。

友人種蘿蔔有感

南投日色暖霜襟，陌上風情感不禁。我自營營填一念，羨君泥裡種冰心。

思卿

深秋天氣帶寒摧，心事無端到酒杯。今次新添愁一段，思卿滿滿日三回。

端節有感

海西一歲幾來回，頗怯端陽鑼鼓催。遊子聞聲應有恨，龍舟不向故鄉開。

雙贏

於相悅處取雙贏，數載經營此薄名。縱使能餘盡微利，莫能量計是佳聲。

無題

春將愁到雨霏霏，垂下簾櫳空憶歸。獨有微風恁多事，吹來燕子帶晴飛。

不老

古木雖殘山不老，榮枯過眼漸無痕。風銷日炙冶奇魄，留與來人朝至尊。

不即

繞弦舊事帶春傷，欲罷還聽夜正長。豈必人生盡如意，留些轉折付詩腸。

自嘲

字底埃塵豈易拋，慣於臨發又重敲。平生省得無豪膽，未待人譏先自嘲。

此生

此生未肯薄如花，莫道雲程不自涯。過隙白駒催客老，還留一笑看繁華。

記龍潭一日遊

胭脂作筆點龍潭，雲淡秋高天更藍。拋卻營營九霄外，一方風月佐閒談。

聚散

華燈熠熠二更初，聚散人情不可書。看取秋庭花木事，自承風雨自榮疏。

圍爐

圍爐未覺過三更，容易一年台北城。萬里鴻歸寒裡聚，等閒風雨不須驚。

初二

大年初二雨中行，憶我歸寧同此程。數載悲歡經已過，街坊猶喚嫁時名。

吳秀真詩選

吳秀真（1960—），民國四十九年九月生，台灣省嘉義市人，畢業於台灣大學法律系夜間部，曾擔任律師事務所助理及企業公司法務人員，目前從事法務工作。於林正三、洪淑珍老師的指導下，在詩詞寫作及吟唱之領域激發無限的興趣，日後期望能不斷的進步！

無常

悶地一聲雷，松蘿遽化灰。相思常入夢，枕濕幾多回。

話別

殘楓斜倚覺傷神。月色蒼茫冷意新。欲語無聲雙淚墜。寒雲暮鼓促離人。

讀書樂

香醇拿鐵映簾帷，一卷騷經細品之。悟得讀書心喜樂，任教髮鬢雪絲絲。

夢曾經

深院梧桐鎖檐櫺，曇花水月夢曾經。世間離合無常調，三炷清香對窅冥。

清明

四月楓紅染薄雲，惱人心緒倍思君。怯情欲往歸鄉路，半帶輕愁半帶欣。

自註：四月初清明前，偶至陽明後山奧萬大，見滿園四月紅楓惹人思念之情。

遊屯山公園

屯山疊翠聚雲嵐，花蕊松針伴笑談。綠鴨相隨誠有夢，俗塵不擾酒微酣。

自註：與友人遊陽明大自然屯山公園，飲小酒賞美景有感而作。

春遲

杏花無影草猶寒，新燕遲歸雪未殘。夢幻人生還眷戀，待看舞蝶攬春歡。

悟

帘窗捲取一瓢秋，湖映丹楓染著愁。掠影浮生原是夢，何須無事惹煩憂。

偷閒

靄罩幽林邀落日，岩鑲青蘚水潺潺。微風清韻琴聲和，喜得浮生半日閒。

孫秀珠詩選

孫秀珠（1964—），筆名璐西。祖籍浙江，出生於桃園。從事護理工作。具有專技高考資格、護理師執照、第一種壓力容器執照。九十五年響應行政院衛生署舉辦「新時代護理的精彩片刻——因爲愛，所以我在」徵文競賽，以〈路〉一文獲得護理組寫作類金獎。九十六年三月正式開始學習古典詩詞。我思入我詩，期望以古典詩詞之美豐富我的人生。

白梅

山高疑是雪，淡淡暗香來。但見枝頭蕊，喜逢知己開。

夢知音

懷君誰可問？攬月夢知音。想像楓香裏，柔風四美臨。

交通燈

經年含冷暖，挺挺立宵晨。號誌無差忒，前程有所循。

送友人

送君千里外，斜日遠沉江。別緒秋風冷，徘徊影一雙。

新晴

雲收霽色入簾扉，池上芙蓉曬蝶衣。翦翦霜風吹片葉，遙天陣雁已南飛。

落花

盤雲雷動隱晴光，霈雨清池虐海棠。縱遣落花隨遠水，尚留殘夢繫詩腸。

秋雲

誰將碧嶺染成秋，似絮風飛不繫愁。咫尺天涯還聚散，閒觀木葉悵悠悠。

夜

星垂水上釣魚人，懶識濠梁孰辯真。欸乃一聲山月動，寒煙帳裏忘囂塵。

雲

隨風冉冉渺岑樓，不染塵囂一點愁。俯瞰華都相競甚，輕身自在亦悠悠。

迎鼠

梅柳迎春次第開，繽紛瑞雪喜年來。堂前守歲明燈曜，福慧臨門玉鼠回。

山行

遠上層巒入翠微，東風梳柳帶花飛。清音隱隱林泉杳，曲徑雲深已忘機。

學詩

眼前李杜撼心中，學步咨嗟筆墨窮。長夜尋章無一字，難將典雅入詩風。

自註：讀南海詩家徐持慶詞丈大作〈筆鈍〉感而作此。

恭賀姜大夫八秩華誕

熠熠庚星耀杏林，御醫壽世播仁心。名傳朝野回春手，八秩欣看福澤深。

自註：姜必寧教授曾獲「十大傑出青年」獎，爲三代國家元首御醫、乃台灣心臟病醫學權威，妙手仁心樹立卓越典範。

寒流

岑嶺鵝毛白，蕭蕭木葉紅。不分貧與富，同對雨兼風。

共業凝寒裏，多情送暖中。掩門生小火，溫酒一鍋豐。

詠菊

不辨秋風冷，猶如隱者藏。閑歸阡陌靜，省識世途狂。
秋裏孤標豔，山中幾處香。枝枝高潔性，遍植古詩章。

詠海

龍吟翻疊浪，寬腹載無窮。漫漫生涯裏，濴濴影跡中。
鷺鷗常作客，日月共聽風。浮夢遙天遠，乘槎向顥穹。

夜登碧山巖

夜登勝境意悠閑，星斗流光耀碧山。遠眺華燈浮影動，初臨聖殿赤心還。
嶺前逐月岑樓起，岸際飛橋薄霧圜。聽水尋幽尖頂上，新詩共我道聲間。

遊忠烈祠有感

自古英雄氣萬千，黃花碧血顯忠賢。嬋娟亦有鬚眉志，鑑俠堪書革命篇。
棄筆從戎更寶劍，掏心衛國斷華年。乾坤日月山河慟，烈魄凌風上九天。

孫悟空

破石驚天霸氣猖，仙冥任掛大旗張。翻雲千里如來手，解咒百年三藏章。
收性尊師言有信，取經向佛眼含光。一程一印妖魔滅，終播雷音惠十方。

沈淑娟詩選

自二〇〇四年尾聲，一個偶然的機緣踏入了古典詩詞這塊園地，讓我這個說話喜歡咬文嚼字的現代人，有了歸屬感，終於不再感覺自己異於常人了。學詩三年餘，承蒙網路古典詩詞雅集幾位版主指導，又有幸聽聞林正三老師的授課，遂開了我的一點詩心。若今日的錦瑟稍有成績，全是他們的功勞，亦是我的僥倖。

早春有寄

遺君春一枝，秀麗正當時。淡淡傳消息，其中有所思。

夜聞雨聲

道是誰人鬱打門？漫天珠玉灑成盆。和弦掩抑哀如此，切切嘈嘈亂夢痕。

歲暮感懷

暮歲回身味再三，天行道理有深涵。紛煩過眼渾難顧，謹記清修不得貪。

迎春

北城春信正鮮妍，野外扶攜風月邊。省識芳菲有時態，餘生不敢負華年。

回鄉偶書

暫別塵囂去，興然歸本家。雲從風作友，日落海為涯。
逐夢身心老，回鄉道路賒。重溫舊懷抱，認是昔時娃。

靜居即感

幽居靜待日斜紅，歷世深耕或有功。鵬展巨翎曾倨傲，石磨銳角漸玲瓏。
迢遙路道身猶險，浩蕩江湖夢已空。但釋顰眉微笑看，浮生賺取是清風。

丁亥年新歲有感

漸覺寒霜伴日移，虛名稽滯累相欺。孤窗急雨聲聲叩，古學傾心步步羈。
世事常違多阻履，人情為礙不稱奇。黃粱入枕倉皇過，容易新年又屆期。

退休夢

半世長為犬馬牛，紛煩塵事幾時休？羨他畎畝躬耕樂，惱我江湖困滯愁。
一日掛冠還棄屣，三朝枕夢不登樓。歸真懶理風花月，且棹浮槎任逐流。

中歲感懷

幾番花謝又花紅，歷劫塵身未著功。蒼霧漫天多混沌，銀光瀉地自璁瓏。
一壺濁酒銷魂髻，半抹流霞轉眼空。歸燕棲遲迴晚樹，惟將隻影付清風。

吳東晟詩選

吳東晟（1977—），自號東城居士。臺中霧峰人，本籍南投，現居臺南。曾任國家臺灣文學館「《全臺詩》蒐集整理編輯出版計畫」專任助理，現爲成功大學中文所博士生，並任南部大專院校兼任講師。古典詩曾獲教育部文藝創作獎、臺南縣南瀛文學獎、臺北文學獎。著有現代詩集《上帝的香煙》，古典詩集《愛悔集》。新聞臺「東城樂府」網址http://mypaper.pchome.com.tw/news/wdc2015/

題書包贈啟綸

丈夫三尺劍，君子一囊書。提挈行千里，丹衷復本初。

論詩

獵兔無方必守株，能言詩者識三隅。拈花微笑何求肖，知己解人皆獨夫。

夕陽

今古英雄末路同，卷舒雲氣染殘紅。羲和到此疑無力，拋卻金烏沐海中。

讀楊喚噴泉詩後有作

雲作墨池風作筆，雨為文字電為題。空中寫罷誅仙詔，下視人間草木低。

中一中竹枝詞

青年明德與新民，鄰座娉娉動笑顰。慶幸今朝風景好，煞風景是一中人。

其二

蝶飛鹿撞左心怦，煩惱旁人說動情。扣鈕紮衣君子貌，總呼姊是小男生。

其三

龍騰四海自長懸，麗澤高風附股邊。書籍問伊何處放？化為知識腦中填。

其四

一寸長來一寸強，歡呼幹聳萬條槍。男兒耳裡無莊語，兩箭同時射鬼狼。

其五

敬業樓中薈俊英，二班鄰少起譁聲。老師駕到呼公主，海不揚波慶太平。

聞蟬

廿載無言忍默生，一朝將死奮悲鳴。莫嫌喧噪干清夢，俱是淒淒血淚聲。

自題愛悔集

丹心一點掌雄關，萬緒無形視此間。天籍錄詩三十萬，個中愛悔倩誰刪？

縱囚

太平天子市囚恩，為政真難恥格論。萬戶驚心開法網，千官額手出牢門。
判刑須猛終將赦，縱犯宜寬豈憚冤？立異衹聞干譽輩，可憐何處覓馮諼。

過衣蝶懷大哥舊賃居

六街車馬鬧喧闐，曾在長安賃一廛。芳著枝頭猶小小，光移日腳自年年。
仍存幾許凌霄志，也攢無多買酒錢。促膝同看窗下路，頂樓雖隘近雲天。

詠懷古蹟五首用杜工部韻

五妃廟

西北陸沉崩澒洞，孤貞長續瘴雲間。從王異地埋香骨，留眼他年看碧山。
忠愛雙全惟一恨，乾坤不靖更休還。義靈祠屋常相近，每與鐶釵憶故關。

大天后宮

爭烈方知北地悲，田橫無力起王師。西亡叛將回還日，南面祖宗容納時。
舊府朱門重漆粉，后宮黔首未加思。苟教滄海無波浪，咸感天恩更莫疑。

小西門城樓小東門城牆

古砲多情守舊門，繁華此地不稱村。雀過新館鳴如唱，樹發殘垣畫似昏。
碑上分明題告示，城中想像滿遊魂。夜深疑見前朝鬼，為辨東西聚議論。

赤崁樓

妖颱吹沒劉元帥，此地無緣作鄭宮。倥傯刀兵頻易主，風雲水火總持中。
平陽昔每圍梅鹿，淤港今難覓海翁。異代樓頭懸二匾，崁嵌相望不相同。

法華寺

醒覺蝶周俱一夢，先生無意別低高。曾鋪陶瓦傳鐘鼓，剩有荒碑記鳳毛。
殊教靈光齊道釋，百年人物集劉曹。星樓石虎今閒散，我輩猶從俗務勞。

閱報驚聞清大碩士生過勞猝死

兔死狐悲感過勞，天將俊秀拔其豪。論文評價全依點，學術屠人不用刀。
憐我國貧拋熱血，怨他時競吸朠膏。青春有限毋輕賣，割肉前程易折撓。

仿詩品五首

通感

玲瓏芝蘭，冷冽清光。五蘊交感，如在西方。聞佛說法，七彩蓮香。
言詮不盡，偶擒辭章。十字一契，大海茫茫。汎彼煙波，鑿之匪藏。

國魂

人之有國，峰之有山。順逆有主，不脫塵寰。泊彼荒島，遇我胡蠻。
安以經緯，飾以斑斕。諸夢不異，來去往還。凡豹百變，同窺一斑。

存有

釋之不盡，涉之益深。棲居如詩，往昔皆今。爰有佳樹，常保歲新。
不在體外，不另他尋。忘契存信，始為黃金。大人已去，猶聞好音。

喧嘩

滄海橫溢，中原陸沉。諸峰為島，俯嗟海深。各奏絲竹，各鳴鼓琴。
元聲無調，雅樂噪音。息戈止伐，靜聽幽吟。異木競秀，亦可為林。

韻律

裸身為偶，添衣為駢。旒縿五彩，交織蹁躚。誦之成韻，思之成眠。
越谷度壑，大雲在天。朝潮夕汐，奇正相遷。欲自樹立，不捨前賢。

彰化公公行

李道木老先生，家姑丈之結義兄弟也。兵馬倥偬間，曾二爲共軍，三爲國軍。後隨國民政府播遷來台，始居彰化。余幼時不知其名，每呼爲彰化公公。公公善奕，余曾小住其館，日與之對奕，皆墨也。自是稍識棋法，遂橫行於小學同學間；與鄒騰欽、廖耿輝並稱本班象棋三傑云。後長大，負笈彰化，未嘗造訪公公也。姑丈仙逝時，於喪禮間遇公公暗許操枰拜謁之願。詎料幾經蹉跎，棋未下而公公已大去矣。可勝慟哉！

公公初非彰化人，暫以蝸居寄此身。小童不詳其姓字，日操棋枰搦戰頻。
先築城牆堅壁野，車馬僵持力萬鈞。楚河水滿不可動，忽爾堤決殄暴秦。
黑赤相殘存貔虎，來擒我將作帥臣。既仆復起重開仗，素室征戰到黃昏。
自經茲別識韜略，群童之間任劫掠。笑看來將皆盲攻，鐵甲紛紛填溝壑。
偶逢敵手思慮深，各張旗鼓慎相搏。一勝一敗稱知交，又下仙棋五千著。
五千日間音訊無，重逢正值油燈枯。我悼姑丈公哭弟，蒼天借去老頭顱。
無腸失貝入滄海，四處可家偉丈夫。桃園金蘭嗟零落，遂就安養賞桑榆。
公乃鰥寡孤獨者，東西南北之人也。千古喜談楚漢兵，奕雖小道忍割捨。
余居彰邑度四秋，一局舊棋愧未下。閉耳不敢聽驪歌，紙灰飛揚滿四野。

陣仗兩列憶幼年，將軍叫陣元帥眠。公公姓李名道木，中原龍戰始播遷。
亦曾國軍亦曾共，滄溟孤葉幸保全。
君不見，過海卒子無足重，每於爛柯掌兵權。

洪寶昆先生歌

乙酉年，張達修論文發表會上，達修公之弟達旦公，倡議學界莫忘洪寶昆，當爲之召開學術會議。此語出，一座皆頷首。翌年，達旦公仙逝，未及見此會召開也。近日錦順師來電，謂將召開洪寶昆詩學研討會，並寄來詩稿初編一帙，以爲論文之材料。僕聞之感慨殊深，因作此歌。

遍觀瀛壖數諸子，達修伯仲誰可比？彰化逸老洪寶昆，主政江湖載稗史。
紛紛前輩競推袁，畢生心血忍坐視？宜開大會共討論，闡幽揚微耀閭里。
洪公聲名在騷壇，擊缽三書傳遐邇。入門無方坐生愁，得此寶笈知文軌。
詩國韻海任遨遊，鬥捷爭工練篇技。豈同唐宋雅而遙，頗切近代趣兼旨。
學院幽深自索居，近來風氣在桑梓。荊璞待理山斂輝，不識洪公慚陋鄙。
夫子剴切與我談，盛讚功蹟說源委。浮名俗譽豈所求，鞠躬盡瘁死而已。
我聞此語感偏深，文人本色應如是。播芳流美分當為，昭及雞林載鳳紀。

鞭雞責虎篇

僕之信箱，常用者三，一曰虎奴（yahoo），一曰雞奴（gmail），一曰熱奴（hotmail）。三者以虎奴為主，雞奴為副，熱奴但收作業耳。近日邀稿孔亟，而虎奴作祟，連連擋信，遂委由雞奴收信，復聞雞奴亦擋信。僕怒不可遏，作〈鞭雞責虎篇〉，聊遣憤懣也。

寒門冷案一匹夫，網上免費延三奴。一虎一雞與一熱，申請帳號咸歸吾。
虎奴馴順逾五載，收發不曾有遺珠。理信井井能稱意，通訊漸漸廣根鬚。
遙懷古人多偃蹇，君子韜光處江湖。忿懣無由叩帝閽，總因權奸據當塗。
今日通聯求便利，羅網恢恢遍陬隅。輕點滑鼠達玉闕，薄海五洲如一區。
虎奴空間稱無限，申請即得焉用租？兩千萬人圖坐享，養成一霸真於菟。
十信居然漏七信，病毒夜夜穿我窬。師友無端嗔且怒，主人焦急跳鼪鼩。
尾大不掉斷難斷，雞奴局面尚荒蕪。丈夫忍痛施鐵腕，點滴資料重鍵輸。
縱然功能遜一籌，尚幸收發無舛殊。回信紛紛兼問訊，從此雅虎就桑榆。
部落格久無文章，留言板已生菰蒲。忽然一語鏗然響，詢我尚在人世乎？
萬信齊發復齊退，雞奴直與虎奴俱。可憐比鄰似天涯，值今之世竟得逋。
淵谷幽山設電線，機事周全機心麤。網路未通音書絕，誰知深居在通衢。
我聞子貢遊於楚，汲泉少力藉轆轤。老圃忿然作色笑，純白不備非吾徒。
科技日月相競飛，有仁無網德必孤。願使網路通而速，莫教浮雲蔽金烏。

徵文

臺灣瀛社詩學會第一次徵文報告

林正三

本會第一次會員徵文自（九十五年）六月廿五日起至八月底截止，計收四件作品，經敦聘東海大學吳福助教授審慎評審。由於件數過少，無法多方評比，故建議吳教授採首獎從缺方式，敬請鑒諒。

臺灣瀛社詩學會第一次徵文評審報告

吳福助

詩歌是漢語傳統文學最基本最主要的文學形式，它與散文始終處在文學的中心地位。唯詩歌創作一向以詩人自身經驗爲素材的抒情詩爲主流，敘事詩的傳統相對顯得很薄弱。再加上詩歌高度集中、精鍊概括的藝術特性，因而詩歌反映社會生活、記錄社會發展變化的詳贍程度，明顯不如散文來得寬廣而細密。

臺灣傳統漢詩人百年來的創作習慣，普遍勤於詩歌而忽略散文。詩人別集中的散文作品，往往寥寥可數，甚或全缺。詩人有自謙「不善於作文」者，其實臺灣漢詩人散文創作的能力並不差，其中能與詩歌創作並駕齊驅者，頗不乏人。爲了彌補文學創作偏於詩歌的不足，筆者於臺灣瀛社詩學會成立大會上，冒昧提出重視散文創作，舉辦徵文活動以便鼓吹風氣的建議。此項建議當場獲得古文名家唐羽先生及瀛社林正三社長等人的贊許，並即速付諸實踐，筆者深感欣慰。

首次應徵作品，篇篇皆出手不凡，顯見瀛社詩學會會員諸君的學養淵博，散文創作潛力豐厚可觀。此次徵文，爲臺灣文學留下可貴史料，應是深具意義。

現將評審結果及個人拙見分述如下，謹供參考〈由於件數過少，經林社長建議採首獎從缺〉：

【第二名】〈不屈威權的臺灣文史思想家與行動家一真情詩人林幼春〉

題目包含主標題、副標題，用辭精嚴，充分標示全文的旨趣。

全文行文充分「口語化」，運用不少創新的時代語彙。句子結構也趨於繁富，適宜表達細密的理性思維。可謂較符現代學術潮流的作品。

能把握人物性格及其作品的藝術特徵，特別還揭示其中的「繁富性」，尤其難得。

末尾充分寫出作者對詩人林幼春的崇敬心理、評價態度，能掌握本次徵文活動題目設計的旨趣。

【第三名】〈賴和的文學思想與創作〉

題目明確。

全文分為四節，各加明確標題，可看出系統內容，便利閱讀。（標題二、三下「是」字，並可刪去。）此種寫法，很值得推廣。

全文行文簡淨，議論精闢，有可貴的獨到見解。

臺灣漢詩人未被提出討論者，比比皆是。已提出的，也都還討論不夠詳盡完善。本文結論對賴和先生的推崇之說，應視為初步推論，有待將來作更為詳贍的驗證。

【佳作】〈詩人陳公焙焜其人其事一生榮死哀，謹述其梗概〉

本文記述陳焙焜先生事蹟，引錄傳主的代表詩作，但基本上以他人的悼詩為主。透過周邊友人學生的悼念之情，刻畫主人公的人物形象，具有相當的藝術感染力。寫作技巧可謂別出心裁。

【佳作】〈暖江周郎〉

題目相當生動引人，但尚未臻完善。建議另加副標題，說明本文的內容旨趣。開頭從詩人生長活動的地理環境入手，又文中選列具有代表意義的若干瑣事，用以塑造人物形象，均可看出作者講究表達技巧的用心。

全文議論精嚴。唯如能增引幾首周植夫先生的代表詩作以為佐證，當更具說服力。

「感嘆號」（！）用得稍嫌多些。建議作者在評論過程中，不妨稍稍壓抑熱情，注意保持客觀冷靜的態度。

不屈威權的台灣文史思想家與行動家——真情詩人林幼春

高清文

西元一八九五年「乙未割台」後，一群飽讀詩書具有深厚漢學根基的台灣青年才俊及仕紳菁英，基於堅定的民族意識及文化認同，選擇不當異族順民，招朋結社相濡以沫，並立志發揚延續漢文化以積極對抗日本殖民統治的同化野心。一九〇二年，以霧峰林家爲主體，由名詩人林朝崧（癡仙）發起而組織的「櫟社」，與緊接其後成立於台南的「南社」、台北的「瀛社」鼎足而立，當時櫟社的林朝崧、林幼春、林仲衡享有「櫟社三傑」之美譽。癡仙詩風典雅洗鍊，幼春詩境雄渾宏偉，仲衡則以詩情綿密婉約取勝。一門三傑，各據擅場。但若論藝術成就之高超及對日據時期台灣社會、文化的深遠影響力，則林幼春當居三傑之首。林幼春（1880-1939），本名資修，字南強，晚號老秋；台中霧峰人，少慷慨，有氣節，聰慧絕倫。早年追隨廣東人梁子嘉學詩三年，接受紮實而嚴格的詩學訓練，詩境益高。幼春不但是一位頗富盛名的傳統詩人，其詩才之高備受肯定，曾被梁啓超譽之爲「海南才子」；一九一九年幼春更結合櫟社其他十一位社員共同創立「台灣文社」，並出版《台灣文藝叢誌》月刊，提倡以漢文學爲主，東、西洋文學、科學，政經名作譯介爲輔之「新文化視野」啓蒙運動。自一九二一年起，更與其堂叔林獻堂併肩協力，久享「小諸葛」盛名；不但積極投入「台灣文化協會」所領導的思想、文化啓蒙運動，更親自擔任夏季學校「中國文化史」講師；同時也出錢出力積極參與「台灣議會設置請願」風起雲湧、影響深遠的社會群眾運動，成爲影響台灣近代社會改造及思想、文化啓蒙的重要領導者。

憂患餘生識此人，夷吾江左更無倫。十年魂夢居門下，二老風流照海濱。一笑戲言三戶在，相看清淚兩行新。楚囚忍死非無意，終擬南冠對角巾。

一九一一年初春，日據時期台灣三大詩人之一的林幼春以優雅的河洛話在〈奉和任公先生原韻之作〉淒涼吟唱著傳統漢文詩，當著大文豪梁啓超面前傾訴遺民思鄉愛國衷情，爲的是尋求身份認同不願當次等日本人，期盼的是有朝一日能夠回歸祖國的懷抱。其殷切思念原鄉之情和感人肺腑的詩句，深深打動了任公愛才、習才之心，特賜「海南才子」之名，並以詩增之；其中的一段詩句：「嘔心詞賦歌當哭，沉恨江山久更新。我本哀時最蕭瑟，亦逢庾信一沾巾。」更是對幼春的詩才推崇備至，讚譽有加。

除了在雄壯澎湃的詩句中展現其民胞物與、憂國憂民的偉大情操外，幼春更在思念故人的詩句中真情流露，讀來令人熱淚盈眶，不勝唏噓。如：〈哭季父癡仙先生〉裏的「星辰落落思元化，今古茫茫賦大悲。嘔出心肝仙亦鬼，斷腸先祭草堂詩。」字字血淚，句句捶心，悲天憫人之情懷溢滿詩篇。

一九二三年十二月，台灣總督府爲了壓制由「台灣文化協會」所領導的議會設置請願運動，爆發震驚台灣社會的【治警事件】，幼春遭到起訴判刑並於一九二五年三月初入台中監獄，直到五月中方獲釋出獄。他於入獄前因肺病在台中醫院治療，自分此次抱病入獄必死無疑，因而有感而發在醫院裏寫下〈吾將行〉七古長篇，以明其「雖千萬人吾往矣」之堅定赴死之意志與決心。整首詩篇正氣凜然，不屈威權，義無反顧，不顧個人安危的愛國情操，溢於言表；詩句擲地有聲，聞者皆動容。「藤床白日擁爐火，顏胡厚矣吾將行。貪夫殉利士殉名，此時撫枕坐嘆息。死縱可緩愁翻增，起拔吾劍撞吾骯。搖搖欲墜東方星，臥聽四野荒雞聲。」入獄服刑後，幼春無論在肉體或精神方面都遭受到災難性挫折與創傷，但憑著一股堅若磐石的意志力與捨我其誰的沛然正氣，在兩個半月的牢獄之災裏，陸續完成了二十多首所謂的「監獄文學詩作」，其中在〈獄中十律〉詩文作：「丈夫腸似鐵，得死是求仁。」在〈獄中聞畫眉聲〉中作：「十日愁城九風雨，耳根聊喜一時清」之句，鋼心俠骨、冷靜沉著，誠男子漢大丈夫也。

有道是：大行不拘小節，幼春亦有其風流倜儻、浪漫瀟灑之一面；在〈跳舞詞〉裏有著風情萬種的細膩描述：

長裙短袖大方家，楊柳隨風勢不差。更著弓彎時樣履，果然步步印蓮花。
將迎又拒稚情驕，欲集翻翔燕舞超。贏得座人心骨醉，一時迴抱沈郎腰。

在〈題雲滄畫〉裏更凸顯出其平易近人之幽默情趣：

一幅雲滄屈鐵枝，卻教題上老秋詩。祇愁此字渾難看，笑破旁人大肚皮。

櫟社著名詩人傅錫祺先生曾經生動的描述幼春的獨特性格：「亦狂亦俠亦溫文」與「生成倨強少人同」誠入木三分，言之有據。

儘管幼春出身霧峰林家，坐擁良田豪宅手頭寬裕；但由於其長期對「櫟社」及「台灣文化協會」各項活動之大量財務溢注，再加上家大業大食指浩繁以及本身大方慷慨不拘小節之豪邁個性，理財績效似乎不太高明；在光鮮亮麗、耀眼輝煌的精彩生活裏，並非日日皆能呼風喚雨心想事成。除了中年時期【治警事件】的牢獄之災外，幼春晚年時，在財務方面亦曾有過捉襟見肘、入不敷出之窘境。觀其〈哀賣田〉裏的幾段詩句，亦可深深感受到幼春為了達到詩境的登峰造極與社會改革的志業理想，確實也付出了不為外人知的極大代價：「先疇不能守，書卷將棄之。家國運實同，聊用吟黍離。念茲數畝田，我祖之所貽。當其墾荒日，耕戰無休時。……何意及吾身，不振乃至斯。吾算既不精，此局終難支；我疆亦已覆，我社行當移。……萬事不可為，振作之何遲；身死不足惜，獨為子孫悲。」一句句心酸，生動警世，有如暮鼓晨鐘，道盡內心深處的無奈與遺憾。

幼春是一位出身於傳統社會的文學家，卻思想開通，胸襟寬容。觀其一生，敬天愛人，不忘初衷，一路走來始終如一。然而，任何再精彩的人生，也難完全無憾；幼春雖然在家族小愛方面留下些許親情遺憾，然而對於國家社會大愛的執著與不屈威權的勇氣和信心，以及對提昇詩學的藝術與美學價值的熱情與付出，卻也無怨無悔甘之如飴。誠如當代新儒家也是前東海大學文學院教授徐復觀先生在《南強詩集》序言：「詩若足以資教化，勵末俗，則邦人君子不於先生之詩求之，奚以哉。」幼春的詩是「從真性情中流出的詩」，在現今社會倫理失調、生活價值迷茫的功利掛帥時代中，能夠以澄然靜慮與超然自省的沉澱心情吟唱並欣賞其詩作，神遊在崇高人品，率真性情與深邃寬闊詩境所交織而成的三度空間裏，與栩栩如生的大文豪共同攀越心靈的高峰，洗滌蒙塵之心靈並細細品嚐原汁原味之優美詩句，自是人生難得之超體驗。

幼春一生堅苦卓絕、無私奉獻，本身具深厚之人文涵養與追求社會公平正義的人生哲學；其詩作彰顯出一種古典的優雅和獨領風騷的人文厚度與社會關懷，因而能夠啓發並推動日據時期台灣人的思想與文化的自覺，是卓然有成的台灣文學作家及新文化的推手，也堪稱是日據時期台灣最出色的文史思想家與行動家，更是令後人景仰心儀的真情詩人。

賴和的文學思想與創作

尤錫輝

一、前言

賴和（1894－1943）彰化市人，筆名懶雲、安都生、甫三、走街兄等。一九〇八年開始漢詩寫作至晚年，一九〇九年考上台北醫學校，一九一四畢業，一九一七年於故居彰化開設「賴和醫院」，一九二五年發表第一篇白話隨筆〈無題〉，及第一首白話詩〈覺悟下的犧牲〉，一九二六年發表第一篇白話小說〈鬥鬧熱〉，一九三六年終止新文學之創作，一九四三年過世，享年五十歲，留存散文小說數十篇，漢詩一千多首，可稱多產作家。

二、是跨越新舊文學的作家

賴和生於日據初期，受學日文，課餘兼習漢文，十五歲的時候就以〈題畫詩〉問世：

水草回環處，白鷺自成群。赤日天當午，青空一片雲。

這首漢詩雖平仄格律不穩，但卻是出自一個未學過詩作的孩子之手，從中可看出他的天賦，自此開拓了他的漢詩創作，到老年都未中輟，除了詩作優美外，最難能的就是他的漢詩勇敢的反映，平等、正義、自由、博愛的題材不斷的表態在詩中。現今及歷代的漢詩人雖稱以含蓄、不俗爲意含，但總不如他的勇敢，在一九二〇年〈送林獻堂之東京〉詩云：

愧我戀生甘受辱，多君先覺獨深憂。破除階級思平等，掙脫強權始自由。

及一九二四年〈吾民〉詩：

剝盡膏脂更摘心，身雖痛苦敢呻吟。忍飢糶米乾完稅，負病驚寒尚典衣。

詩意清新，不畏俗化，不畏強權。

在新文學方面，我們又可把他分爲小說及白話詩：

以白話文創作的賴和小說中，包含著生活面、思想面、政治面爲多，他運用的白話文也以漢白文爲主，很少有造字、借字、借音的現象，這是最難能可貴的，且以三月瘋媽祖爲背景所寫的〈鬥鬧熱〉小說中的一小段：「……有一陣孩子們哈哈笑笑弄著一條香龍，由隘巷中走出來，繞著亭仔腳柱繞來繞去……」爲例，除了「陣」爲鄉土話需以借字外，其餘的字都是道地的漢字及句，表現手法上乘。在同一時代的白話文創作中實無出其右。

至於白話詩的創作，也很少有造字借音的情況，在〈農民謠〉九之五首云：「晒乾皷淨，地主趕到，一大堆被他輦走，只剩些皷尾，看怎會維持到年兜？」敘說農民剛晒乾了稻谷，卻被地主一下子括走，只剩風鼓尾（即稻子經風鼓篩選後次等的二糟虛谷子）之怨，除說盡農民的無奈外，字句優美，古樸，容易了解。

當今鄉土文化，很多雜誌等常以借字、借音、造字作爲創作。如「什麼」以「啥貨」，「這樣」

以「按呢」,「回去」以「轉去」,「生意人」以「生理人」……爲表示,實不勝枚舉,倘若以它的表示方法,作爲訴訟狀子藍本,或私人間的契約書,屆時恐要在法官未開庭前先以語言說一遍,讓法官先了解訴訟內容,而契約發生問題時,恐又各說各話。又當今提倡的漢羅、全羅書寫表示法,又扯到羅馬拼音,如以全羅表示,吾人恐將成外國人子孫,有數宗忘典之虞。如賴和式的白化文表示法,應無抵觸溝通。因此,我們知道語言是隨著時代在變化,也因地域的關係而略有不同,如某語意或字音,在台灣的北、中、南部,海山縣又有不同的表示法,且這中間又關係到閩、客、原住民等,語言應是彼此間正面溝通工具,難以語意的書面作溝通,惟有統一的文字才能完整的表示彼此文化意涵,內容歷久而不變。

三、是漢學家、新文學家、思想家、慈善家

賴和的新文學不偏離舊漢文學,又不蹈台灣話文,是與早期許多新文學創作者最大的不同。而其文學內涵更包括了自由、平等、博愛,對人的尊重更不分地位、種族。對自由的爭取曾云:「頭顱換得自由身,始是人間一個人。」對不平等呼籲曾嘆:「生者勞勞死寂滅,豪門酒肉平民血。」又對原住民稱爲:「住在山內的那些我們的地主」,而站在原住民之立場的發言,卻是:「誰知我亦天孫裔,未甘長作漢人隸。牛馬生涯三百年,也有會風雲際。」可見其心胸之寬闊。賴和身爲醫生,深切了解仁醫博愛精神的重要,除了病患的關心與優遇外,對患者的一片矜憫,也留下「但願世間無疾病，不愁餓死老醫生」的博愛心懷，被譽為「彰化媽祖婆」其來有自。至於對日本當局之侵略與台灣命運的思考，曾嘆：「三十年間噤不語，忘有共和獨立時」之警語，是何等的沉痛和提醒斯民。

四、結語

對於賴和的漢詩也許有人認為欠缺典雅細緻，而新詩也被認為不夠流暢，不新又不舊，但這卻是新文學初期的蛻變特徵，他的文學創作舊形式中呈現新思想，新思想中存在著美好的舊思考。其同一時期的作家，在漢詩創作的數量與質上，雖能與他相較者，但在開闊的視野上卻遠遠落在他的後面。相反的，在新詩的優雅度上恐又有高低之別。在新舊文學的領域上，實無出其右者，真不愧「台灣新文學之父。」

賴和除了在文學上成就外，他憂國憂民，敢批判日本政權，關懷族群，深入民瘼，破除迷信，他的言行一致，人格完美，真是個完人。台灣百年來，像這樣的文學家、思想家、慈善家似乎找不到第二人，我們除了感到心儀，我們也期待後有繼者。

第二次徵文作品

（案：雖僅一篇，然字字珠璣，特予刊出以供借鏡。）

讀洪棄生先生〈雜詩〉二首之二——窺見一代碩儒

尤錫輝

我有四壁書，宛委神仙居。俯仰千古事，至樂不我如。
翱翔振金玉，謦欬鳴瓊琚。時或求古義，滄海釣鼇魚。
時或列陳編，廟堂佈璠璵。咀嚼有餘味，吐納凌清虛。
堪嘆阿堵物，塵濁纍纍儲。王戎身自鄣，守之輒盈車。
一旦邯鄲醒，大夢失華胥。何如羅萬卷，百城擁有餘。

右詩爲洪棄生先生於光緒廿一年（乙未1895年臺灣割讓日本）以前作品，十足顯現書生本色，蘊涵碩儒風範。

壹、前　言

洪棄生先生名號有攀桂、一枝、月樵、繻、棄生、棄父等（爲便於介紹，以下均略稱爲棄生），籍隸彰化鹿港，生於同治五年（1866），卒於民國十七年（1928），享壽六十三歲，歷經同治、光緒、宣統、民國數朝，身置臺灣史最大變動年代。棄生祖籍福建泉州府南安縣大演鄉，祖父洪清湖渡臺居東螺（今彰化北斗），業金銀飾品，其後因避曾圭角及戴潮春之亂，而徙至彰化縣城，後定居鹿港，棄生於焉誕生。

貳、求學經過

棄生幼年家境尚康，惟不富裕，求學費用大都來自書院考試所得之膏火（獎學金），舉凡書院月課、府縣觀風試等，皆名列超等一名，每次可獲銀二元，除已足供學費，尚可兼補家用。年十五於書房習作制藝（八股文）時，師事朗山施鏡芳先生鑽讀四書、五經、詩、賦、策論等。直至十八歲始進書院就讀，其光緒十一年廿歲之「白沙院課」，知時仍在彰化白沙書院，廿四歲考中秀才後，猶斷斷續續在該書院攻讀，準備應考舉人。

書院攻讀年代獲極佳評語，累得膏火，如光緒十一年（1885，時年二十），臺灣府同知鄒漸鴻評其〈君子信而後勞〉一文曰：「高古簡峭，味淡聲稀，一語抵人千百，絕非老手不辦」。光緒十四年白沙書院蔡德芳山長評其〈古之欲明明德於天下者先治其國〉文曰：「理解圓澈，文筆清遒，饒有經籍之光，當非庸手所能」，其後代理彰化知縣李蔚山評其〈周公思兼三王〉文曰：「筆力矯健，音節和諧，策論諸作指陳具見卓識，足徵有心時事」。光緒十九年臺灣知府陳文騄，二十年代知府孫傳兗更將棄生文才比作賈誼、揚雄、班固、蘇軾，評其〈保甲事宜策〉文曰：「凱切指陳，深中時病，賈生之病哭、杜牧之罪言，閱至此益不禁為之拍案而歎，仰天而喚奈何也」。棄生才筆出眾，承受欣賞非只一人，以此才氣參加科舉之試，應是囊中取物，惟世事多與願違，其考場生涯，卻是歷盡崎嶇，苦嚐人間。

參、應舉經歷

洪棄生應試過程，艱辛不順，據記載：光緒十二年（1886）、十三年計有兩次落榜，迨至光緒十五年二十四歲，始遇伯樂台南知府兼巡道羅穀臣賞識，擢中第一名秀才，棄生曾云：「可見文遇知己若有天價，數載窮途之淚此次稍覺揚眉耳」，堪為破涕。惟其後之舉人應試不順如同一轍，正如貓羅山（今彰化芬園）茂才張光岳於光緒十年所云：「未弱冠而議論卓群，詩賦斐然，有足傾一時者。然數奇不偶，既得而失，三登草榜，延至逾冠後，始為江西名士羅穀臣太守錄第一，著籍諸生，鄉闈復不遇」。（所謂三登草榜，係指秀才之試名落三次，但考諸資料只二次。）

鄉試（舉人之試）是在省垣，臺灣考生則在福建省福州應考，棄生計於光緒十五年（1889）、十七年、十九年及二十年共四次應考，均遭落榜而歸，大嘆舉人之考「難若登天」，且苦於帆次往返勞頓，尤其第四次之應試備受折磨。該次應試自光緒二十年七月十一日由鹿港出發，經八月九日、十二日、十五日三場考試結束後，停留蚶江港待渡一個月，四次航海，往返折回，返鄉時已是十月上旬，前後浪費三個月，對照今日自台中機場經小三通至泉州時程五小時相比，大有天壞之別。尤其待船返台時已知落榜，其失意心情更爲錯綜。其〈鄉闈報罷函江月下詠〉詩云：「愁山恨海兩難行，風打波濤日夜聲。失意那堪歸路阻，回頭最是客心驚。秋深水闊閩天迥，宵冷雲空嶺月明。三載重洋將復過，去程太息即來程。」又其〈秋試行後感詠十五首〉第一首乃大嘆云：「微名迫我起，我行過千里。既越兩重洋，又涉百重水。波濤挾蛟鼉，時時向人跂。咫尺生風雲，天色迷瞻視。身在澎湃中，輕擲同敝履。不識有眠食，豈復有行止。言念古戰場，安能在海裡。丈夫志四方，艱難此爲始。」其對應舉感受，刻骨銘心，永生難忘。對一個台灣渡海考生，其旅費及生命威脅何至十倍於內陸考生。正是昔人所云：「三場辛苦磨成鬼，兩字功名誤煞人」。遂萌棄科舉專事名山志業。

肆、抗日不屈　特立獨行

棄生於光緒二十年參加最後一次科舉後，翌年適爲乙未甲午之戰，臺灣割讓日本，時丘逢甲等倡「籌餉局」抗日，據《台灣省通志稿・洪棄生傳》稱：光緒二十一年與丘逢甲等同倡抗日，任籌餉局委員，事敗潛歸鹿港，杜門不出，絕意仕進。自此即以非武力方式抗日，玆分述如下：

一、言行抗日：拒學日語，不許二子接受日本教育，十六歲以前均自行傳授經史。

二、拒斷髮抗日：日人對於吸食鴉片、辮髮、纏足視爲三大陋習，並登錄於個別之戶口名簿內，初期採放任規勸政策，至 1915 年正式全面推行禁止運動，不從者強制執行，但棄生仍然留長辮、穿寬博長褂招搖過市，被日警視爲頑民中之頑民，1916年棄生五十歲時被警方強闖家門，剪去辮髮，棄生至感羞愧，留下數首悲痛詩作，如〈厲行斷髮散足事感詠〉、〈逃剪髮感詠〉、〈痛斷髮〉、〈再爲厲行斷髮詠〉等。其〈厲行斷髮散足事感詠〉云：

是何世界任戕殘，警吏施威六月寒。
削足妄思求適履，髡頭謬說廢彈冠。
時無美鬢人人髜？家有金蓮步步難。
癸女丁男顛倒甚，此間異事不心酸。

痛斷髮

我生跼蹐何不辰，垂老乃為斷髮民。
披髮欲向中華去，海天水黑波粼粼……
科頭違世廿載勻，戴之如山五十春……
在笯可憐斷尾鳳，遯荒須跨無頭鱗……
屈原散髮遵枉渚，吾將搔首問蒼旻。

其後棄生之短髮不事修剪，且由兩旁作細辮科頭，不今、不古、不中、不外之髮型。其對斷髮，直如「失節」一般之嚴重，難以忍受。

三、文筆抗日：藉文字筆伐書成之史詩，更能留下歷史見證，棄生於《瀛海偕亡記》記述台灣同胞英勇抗日史實，另以詩作方式記述於《寄鶴齋詩集》中，哀怨悲切，令人鼻酸。

伍、傳授漢學　致力名山事業

棄生才華橫溢，嘆生不逢時，其在〈說夢詩〉慨嘆：「平生素渴封侯願，麟閣鳳閣期標名。一朝墮作傖荒客，滄海桑田觸目驚。浮沈一世空苟免，仕隱千秋兩不成。」自光緒二十年最後一次與試後，即閉門讀書，謝絕應酬，於〈閑居即事詩〉云：「年年閉戶賦離憂，辭謝紅塵絕應酬。千歲古書堆榻上，一春今日據樓頭。雲開遠遠青山入，潮起茫茫碧海浮。且自逍遙人世外，不須歡樂不須愁。」又嘗謂：「此生我亦讀書誤，捨卻讀書無遠謨。書香俎豆名山業……」又預爲出版著作之印刷費，有詩謂：「吾也作詩豫買田，爲口腹計謀朝饘，他日詩成待傳後，吾賣吾產刊遺編。此志非奢良易遂，此筆再支三十年。……」寫出他致力名山事業偉志，茲就其後半生主要事業述之如下：

一、課教子姪學習漢文，不入日本公學校接受教育。

二、任登瀛書院山長：該書院位於現今南投縣草屯鎮新庄，又名「文昌祠」，書院楹柱對聯「文運復昌隆蔚起人才高北斗，祠堂重奐美巍然廟貌冠南邦。」即爲棄生所作。

三、參加詩社活動：參加鹿港極盛一時之「蓮社」、「鹿苑吟社」、「大冶吟社」等，而霧峰林家「櫟社」則奉爲上賓。

四、參與刊物編輯等：「新學叢誌」、「台灣文社」、「台灣詩薈」，或任委員或投詩稿，於文傳薪，於筆抗日，苦心孤詣可見一斑。

五、著作等身：棄生著作甚豐，多約二百萬字。

（一）寄鶴齋詩集：詩凡二千首。

（二）寄鶴齋古文集：歷史人物及史筆之評論，上自詩經，下迄清文。

（三）寄鶴齋駢文集：駢文華麗，獨樹一格。

（四）寄鶴齋詩話：歷代名詩人詩作之欣賞與解析。

（五）八州遊記：於1922年九月至1923年元月偕次子洪炎秋遊歷大陸，對於嚮往之歷史記載之名勝古蹟作一親身遊歷及記述，以了一生目睹中華願夢，共約十省份。

（六）八州詩草：遊歷八州所到之處均作詩賦，彙集一書。

（七）瀛海偕亡記、中西戰記、中東戰記、時勢三字編合輯本：記載中外戰事。以其所述年代最爲接近事發時期，足可作爲後人探討當代史實之第一手資料。

陸、交遊及人品

棄生天性率真，感情豐富，樂善好施，道義可風，重氣節，交遊廣。茲就平生與其至友師長往來詩作等臚列於後，以見其人格之磊落。

一、棄生感恩就讀書房恩師施鏡芳先生教誨，其〈清明拜朗山施夫子墓〉詩云：「宏獎風流忽已空，履綦當日滯瀛東；海天只有門生在，淚落寒煙蔓草中。」且年年前往祭拜，師生感情深厚。

二、棄生二十四歲考秀才，獲知府羅穀臣賞識以第一名入泮，放榜後欲登門謝師，不料羅氏突然病逝未能面謝，曾云：「不謂伯琴雖在，鍾子已遙，結榜數日後，穀臣師竟作古人……窮途之淚未畢，知己之淚孔長，在一枝尤為抱憾耳！」傷痛溢於言表。棄生於 1922 年周遊大陸時，經江西九江尙託人尋其後人，感師恩難報於一二。

三、好友貓羅山茂才張光岳（汝南）去世後，路過其住處則常入探望，其〈秋望有悼為汝南作〉絕句：何處故人顏，雲間又水間；東南秋色盡，不忍望羅山。之後光岳之弟茂才瑞岳又逝，棄生乃為其後奔走撫恤，情義薄天。

四、好友施梅樵茂才鹿港人，其〈輓洪棄生〉詩云：「寄鶴齋中久著書，果然名下士無虛。傷時白髮留殘辮，復古青衫著大裾；詞賦奇才齊庾信，風流小過類相如。蓋棺端合持公論，壽世文章信有餘。」窺見棄生才華。

五、好友許夢青茂才鹿港人，亡後由其子合著出版《嗚劍齋遺草》，由棄生優先作詩序，尊亡為大。

六、李清琦，福建晉江人，進士。於光緒十九年舉人時，偶見棄生之策議、賦頌、詩、古文等，詑爲奇士，主動蒞鹿港登門拜訪，臨行贈聯云：「前身共作龍華客，他日願爲驥尾人。」足見對其才華之賞識。

七、連橫，台灣通史作者，其子連震東於〈先父生平事蹟略述〉稱連橫與棄生爲莫逆，稱棄生先生駢文、史學、國學爲當時台灣首屈一指者。

其他海內外詩友則有秀才、廩生、舉人、進士、翰林、仕宦等，如施菼、林朝崧、林資修、林獻堂、梁成枬、丘逢甲、王松、丘菽園、梁啓超、故居鹿港諸詩友及其得意門生等，實不勝枚舉。

綜觀棄生交遊多爲個性耿直、品節高超、學有專長者，而本身又是固窮守本，力免流俗之學者。

柒、結　論

洪棄生先生生不逢時，仕途失意，在其遺民意識下專心寫作，傳授漢學，能有不少創作而成爲一代文史及詩史大家，應可慰其一生。吾人見其詩如見其人，觀其文始知其學，嶙峋志節一代書生風範，令人讀後無限感懷。

國家圖書館出版品預行編目資料

瀛社風義錄 / 林正三總編纂;翁正雄執行編輯.--初版.-- 臺北市：文史哲，民 97.10
頁： 公分(臺灣瀛社詩學會叢書;特4)
ISBN 978-957-549-812-2(平裝)

831.86　　97019362

臺灣瀛社詩學會叢書　4

瀛社風義錄

總編纂：林　正　三
執行編輯：翁　正　雄
出版者：文史哲出版社
http://www.lapen.com.tw
E-mail:lapen@ms74.hinet.net
登記證字號：行政院新聞局版臺業字五三三七號
發行人：彭　正　雄
印刷者：文史哲出版社
發行所：文史哲出版社
臺北市羅斯福路一段七十二巷四號
郵政劃撥帳號：一六一八〇一七五
電話886-2-23511028・傳真886-2-23965656
實價新臺幣五〇〇元

中華民國九十七年(2008)十月初版

ISBN 978-957-549-812-2